"农家书屋"·"送书下乡工程"入选图书

法律帮助一点通

——合同争议与处理

（修订版）

总主编　袁其国

本册执行主编　刘劲夫

编著者　常　昕　刘劲夫　吴　尚

中国检察出版社

图书在版编目（CIP）数据

合同争议与处理/袁其国总主编．—北京：中国检察出版社，2006
（法律帮助一点通）
ISBN 978-7-80185-580-0

Ⅰ．合…　Ⅱ．袁…　Ⅲ．合同法-基本知识-中国
Ⅳ．D923.6

中国版本图书馆 CIP 数据核字（2006）第 034485 号

法律帮助一点通——合同争议与处理
总主编　袁其国　　本册执行主编　刘劲夫

出 版 人：袁其国
出版发行：中国检察出版社
社　　址：北京市石景山区鲁谷西路 5 号（100040）
网　　址：中国检察出版社（www.zgjccbs.com）
电子邮箱：zgjccbs@vip.sina.com
电　　话：(010)68630384(编辑)　68650015(发行)　68636518(门市)
经　　销：新华书店
印　　刷：保定市中画美凯印刷有限公司
开　　本：850mm×1168mm　32 开
印　　张：5.75 印张
字　　数：125 千字
版　　次：2009 年 1 月第二版　　2009 年 1 月第六次印刷
书　　号：ISBN 978-7-80185-580-0
定　　价：15.00 元

修订说明

《法律帮助一点通》丛书是一套给百姓看的普法类图书，它可以为百姓维权，替百姓解惑，帮助百姓正确运用法律武器维护自身合法权益。本套丛书自2001年首次出版，共计50余个品种，其内容覆盖了日常生活、工作、学习等方方面面。因本书通俗易懂，内容全面，深受广大读者的肯定和欢迎，先后入选国家“农家书屋”、“送书下乡工程”等项目，并荣获中国法律图书优秀奖。

近年来，我国陆续制定、修改了一批法律法规，为了更加贴近百姓日常生活、工作，真正为解决生活、工作中遇到的各种纠纷和问题提供法律帮助，我们在保持本丛书原有优势的基础上，突出了以下特点：

1. 通俗性。丛书修订时仍坚持立足于实际、扎根于大众、为广大读者服务的原则，以问答形式或案例方式拟设了一些人们日常生活中出现的新问题，并依据现行法律、法规和有关规定，提出了相应的解决办法。

2. 新颖性。本套丛书在修订时根据新颁布的法律、法规和司法解释，对案例及问题做出了最新的评析和解答，其中包括《物权法》、《劳动合同法》等最受关注的法律问题。与此同时，对于原丛书未收录在内的常见纠纷，本次修订也进行了适当的补充。

3. 实用性。此次修订工作，对原书中的内容进行了全面整合：法律未作变动的，其涉及的案例及问题基本保持不变；法律重新颁布、修订的，将其涉及的内容重新分析和阐述；法律已废止、修改的，将丛书中相应的内容进行删减；同时，对于原书中重复或类似的问题，进行了合并和精简，大大增加了本书的实用性和可读性。

中国检察出版社

2008 年 10 月

目 录

附 录

一、合同的基本知识

1 什么是合同？合同中一般应包括哪些条款？

合同也称契约，是平等主体的自然人、法人、其他组织之间设立、变更、终止民事权利义务关系的协议。合同关系主要指债权债务关系，但也包括其他合同关系，如联营合同、承包合同等。

合同是确定双方当事人之间权利义务内容的根据，因此，双方应当作出明确的约定。一般而言，合同应当包括如下条款：（一）当事人的名称或者姓名和住所；（二）标的；（三）数量；（四）质量；（五）价款或者报酬；（六）履行期限、地点和方式；（七）违约责任；（八）解决争议的办法。当事人在订立合同时应尽可能包括如上条款，以避免纷争的出现，但是如果合同不能包括上述全部条款，也并不意味着合同不能成立。

2 合同关系仅受《合同法》调整吗？

合同法是调整合同关系的基本法、一般法。除了一般法，还有一些特别法对合同关系也作了规定。根据特别法优于一般法的原则，合同法第 123 条规定，其他法律对合同另有规定的，依照其规定。例如，著作权法规定了著作权许可使用合同，合伙企业法规定了合伙协议，保险法规定了保险合同。在这种情况下，特别法律关于合同的规定，优于合同法的规定。

3 合同的形式有哪几种？

一般而言，合同的形式主要是书面形式，除此之外还有口头形式和其他形式。合同的形式当事人之间可以约定，但是，法律、行政法规规定采用书面形式的，应当采用书面形式。书面形式是指合同书、信件和数据电文（包括电报、电传、传真、电子数据交换和电子邮件）等可以有形地表现所载内容的形式。口头形式是指当事人在口头上完成了要约、承诺的合同订立过程而缔结的合同。如通过电话订立了合同。此外，随着网络的发展，网上购物成了许多人热衷的购物方式，随之出现了一种新型的合同形式，即电子合同。电子合同是指在网络条件下当事人之间为了实现一定目的，通过电子邮件和电子数据交换所明确相互权利义务关系的协议。所谓电子邮件(E-mail)，是以网络协议为基础，从终端机输入信件、便条、文件、图片或声音等通过邮件服务器传送到另一端终端机上的信息。而电子数据交换（EDI）则是通过计算机联网，按照商定的标准采用电子手段传送和处理具有一定结构的商业数据。电子合同属于广义的书面合同，但是它也具有一些独特之处：

(1) 订立合同的双方或多方在网络上运作，可以互不见面。合同内容等信息记录在计算机或磁盘等中介载体中，其修改、流转、储存等过程均在计算机内进行。

(2) 表示合同生效的传统签字盖章方式被数字签名（即电子签名）所代替。

（3）传统合同的生效地点一般为合同成立的地点，而采用数据电文形式订立的合同，收件人的主营业地为合同成立的地点；没有主营业地的，其经常居住地为合同成立的地点。

（4）电子合同所依赖的电子数据具有易消失性和易改动性。电子数据以磁性介质保存，是无形物，改动、伪造不易留痕迹。其作为证据具有一定的局限性。

通过签订电子合同进行网上购物有着便利、快捷、省力的好处，但是现实生活中不时发生的网上只收款不发货，“黑”网站骗钱，送货拖沓，礼物“过期”等问题也提醒着我们在进行网上购物时要注意审查对方的资质、注意保存交易的证据，防止以后出现合同纠纷时无据可查。

4 如何理解合同的相对性？

某房屋开发公司与某建筑材料公司订立买卖钢材合同，双方于3月2日达成一致，签订了合同，双方在合同中约定：由建筑材料公司供应房屋开发公司某种钢材1000吨，单价每吨3350元，总价款335万元。房屋开发公司自带货款到建筑材料公司指定单位提货，货发完后即结算货款，如果建筑材料公司无货或不发货，则承担20万元违约金。

合同订立后，房屋开发公司按建筑材料公司指定，把335万元款项汇入第三人某物资供应站的分理账户。3月20日、4月5日，房屋开发公司先后两次从物资供应站提取某种钢材500吨，折合价款1675万元。此后，房屋开发公司向建筑材料公司要求继续供货，建筑材料公司没有继续供货，物资供应站也不予退款。建筑材料公司称，房屋开发公司虽然与其签订了合同，但业务往来的对象是物资供应站，无货可供的责任不在其身上。本案的纠纷该如何解决呢?

本案的正确处理涉及合同的一个基本特征——相对性。合同的相对性是指合同的效力只及于合同的当事人之间，原则上不及于合同的当事人以外的任何人。合同的相对性虽然是一个学理上的问题，但是可以帮助我们正确处理合同纠纷，正确地找到“债主”。如甲欠乙 10 万元，甲无财产，到期不还，但甲的近亲属个个家财万贯，此时乙也只能请求甲这一特定的人偿还，而不能要求其他人偿债。再比如对于擅自转租的，出租人可以解除其与承租人之间的租赁合同，但不能解除承租人与次承租人之间的合同。《合同法》第 64 条、65 条、121 条的规定就体现了合同的相对性的特征。第 64 条规定：当事人约定由债务人向第三人履行债务的，债务人未向第三人履行债务或者履行债务不符合约定，应当向债权人承担违约责任（第三人代为接受履行制度)。第 65 条规定：当事人约定由第三人向债权人履行债务的，第三人不履行债务或者履行债务不符合约定，债务人应当向债权人承担违约责任（第三人代为履行制度)。第 121 条规定：当事人一方因第三人的原因造成违约的，应当向对方承担违约责任。当事人一方和第三人之间的纠纷，依照法律规定或者按照约定解决。

本案中，合同的当事人为某房屋开发公司与某建筑材料公司，某物资供应站不是合同的当事人，而是代为履行的第三人。因此，某房屋开发公司应当向某建筑材料公司主张违约责任。

5 合同生效应当具备哪些条件?

《合同法》第 44 条规定：依法成立的合同，自成立时生效。法律、行政法规规定应当办理批准、登记等手续生效的，依照其规定。什么是“依法成立的合同”呢？合同是一种民事法律行为，因此依照《民法通则》第55条的规定，合同生效应具备以下条件：

1. 行为人具有相应的民事行为能力。民事行为能力即指民事主体以自己的行为参加民事法律关系享有民事权利承担民事义务的资格。按照年龄和智力发展情况，我国民法将民事行为能力分为三种：无民事行为能力、限制民事行为能力和完全民事行为能力。10周岁以下的未成年人是无民事行为能力人，除了接受奖励、赠与、报酬外，其他民事活动由其法定代理人代理。10周岁以上18周岁以下的未成年人是限制民事行为能力人，可以进行与他的年龄、智力相适应的民事活动。限制民事行为能力人订立的合同，经法定代理人追认后，该合同有效，但纯获利益的合同或者与其年龄、智力、精神健康状况相适应而订立的合同，不必经法定代理人追认。18周岁以上的人为完全民事行为能力人，16周岁以上不满18周岁的公民，以自己的劳动收入为主要生活来源的，视为完全民事行为能力人。

2. 意思表示真实。也即表意人的内在意思与其表示出来的行为相一致，不是在受胁迫或者重大误解的情况下作出了订立合同的意思表示。

3. 不违反法律和社会公共利益。《合同法》第7条规定：当事人订立、履行合同，应当遵守法律、行政法规，尊重社会公德，不得扰乱社会经济秩序，损害社会公共利益。

6 只要违反了有关部门的规定，合同就认为无效吗？

我国合同法的一个基本理念就是尽量促进交易，避免无效合同的产生，因此对于合同无效的情形作出了严格的规定，只有符合《合同法》第 52 条规定的情形的才能导致合同无效。促进交易原则在合同法中有许多体现。如对于限制民事行为能力人订立的合同并不作为无效合同，而是作为效力待定的合同，经法定代理人追认后，该合同就生效，行为人没有代理权、超越代理权的情形下订立的合同也作了同样的规定；对于可变更、可撤销的合同，首要的选择是对合同进行变更，如果当事人请求对合同变更，人民法院不得撤销。众所周知，我们国家的法律体系依照效力从高到低的顺序依次包括（在此不再单列民族自治地方的自治条例和单行条例）：宪法、全国人大及其常委会制定的法律、国务院颁布的行政法规、地方人大颁布的地方性法规及国务院各部门颁布的部门规章、地方人民政府颁布的地方性规章等。《合同法》第 52 条第 5 款明确规定：违反法律、行政法规的强制性规定的合同无效。《合同法解释（一）》第 4 条规定：合同法实施以后，人民法院确认合同无效，应当以全国人大及其常委会制定的法律和国务院制定的行政法规为依据，不得以地方性法规、行政规章为依据。由此可见，并不是所有违反了相关规定的合同都是无效的。只有合同违反了前两类即法律和行政法规的强制性规定才应认定为无效，违反了后几种法律法规规定的合同并不必然导致合同无效。如北京市人民政府颁布的有关出租房屋的管理规定中要求出租房屋必须登记备案，但如果出租人没有进行登记备案并不导致房屋租赁合同无效，而只是需要接受相应的行政处罚。因

此，并不是只要违反有关部门的规定合同就归于无效，而只有违反了法律和行政法规的强制性规定的合同才是无效的。

7 当合同存在漏洞时，如何采取补救措施？

当事人在合同中对于合同条款没有约定或者约定不明确时，合同法规定了对合同漏洞的填补规则，即应该按照以下程序来加以补救：首先由当事人达成补充协议，来弥补合同的漏洞。如果当事人由于意见分歧不能达成补充协议，则要按照合同的有关条款及交易习惯来确定。如果按照前述方法仍不能确定的，则适用下列规定：（一）质量要求不明确的，按照国家标准、行业标准履行；没有国家标准、行业标准的，按照通常标准或者符合合同目的的特定标准履行。（二）价款或者报酬不明确的，按照订立合同时履行地的市场价格履行；依法应当执行政府定价或者政府指导价的，按照规定履行。（三）履行地点不明确，给付货币的，在接受货币一方所在地履行；交付不动产的，在不动产所在地履行；其他标的，在履行义务一方所在地履行。（四）履行期限不明确的，债务人可以随时履行，债权人也可以随时要求履行，但应当给对方必要的准备。（五）履行方式不明确的，按照有利于实现合同目的的方式履行。（六）履行费用的负担不明确的，由履行义务一方负担。

总之，当合同出现漏洞需要弥补时，首先应尊重当事人的意愿，由当事人通过约定来加以解决，如果不能解决就适用交易习惯，如果还不能确定，就适用《合同法》的上述规定。

8 没有签字盖章的合同就是无效的吗？

王女士家里的别墅需要装修，于是和刘某签订了两份建筑装潢材料供应合同。由于其所在地城市拆迁改造，装潢材料价格上扬，在签订合同时他们约定，按市场批发价供应 12 种材料，每月至少供货两次，价格按合同签订时的价格为准，时间为 3 个月。前 1 个月，刘某按时发货，王女士及时验货，合作一直很好。但到第 3 个月时，刘某来电话称和王女士所签的合同没有签字盖章，是无效的，如要结账，价格只能按照现在他们那里的批发价。后经调查了解，刘某说合同无效其目的是他所销售的涂料近一段时间以来价格上涨了许多，因而感觉按原价卖给王女士太亏了。那么，没有签字盖章的合同就是无效的吗？

上述问题涉及合同的生效问题。《合同法》第 32 条规定："当事人采用合同书形式订立合同的，自双方当事人签字或者盖章时合同成立。"同时，《合同法》第 44 条规定："依法成立的合同，自成立时生效。"合同书没有签字盖章原则上不生效力，但《合同法》第 37 条也规定了例外情形，即：采用合同书形式订立合同，在签字盖章之前，当事人一方已经履行主要义务，对方接受的，该合同成立。所以，一般情况下，合同的成立要求签字或盖章。对由于各种原因在签订合同时没有签字或盖章的情况，在签字或盖章之前，当事人一方已经履行主要义务，对方接受的，该合同成立。因此虽然王女士与刘某签订的合同没有签字或盖章，但由于当事人双方已履行了该合同的主要义务，表明当事人通过履行主要义务这种行为本身对对方当事人的要约作出了承诺，也可以说双方当事人的意思表示是一致的。从这一点讲合同成立并且生效。退一步讲，即使没有书面合同，根据《合同法》第36条的规定："法律、行政法规规定或者当事人约定采用书面形式订立合同，当事人未采用书面形式但一方已经履行主要义务，对方接受的，该合同成立。"可见，对当事人未采用书面形式订立的合同，即形式要件欠缺的合同也是承认其效力的。这样规定避免了因形式要件的欠缺而损及合同的效力，不仅符合当事人的利益，而且促进了商品经济的流转。

综上，王女士和刘某之间签订的合同依法成立并且生效，没有签字盖章的合同，只要当事人一方已经履行了主要义务且对方接受的，该合同就成立生效。

9 未成年人签订的合同有效吗？

方小军现年12岁，平日爱玩电子游戏，一日在县城的一个电子游戏厅玩电子游戏时，遇到一个小型电子游戏机的推销员，于是便自作主张在该推销员提供的购货合同上签了字，第二天，方小军拿着向邻居借的1500元购买了一台游戏机。方小军的父母知道后，便按照合同上的地址与该推销员联系，要求取消该购货合同，被该推销员拒绝，无奈之下，方小军的父母只好向法院起诉，主张该购货合同无效。那么，法院会支持他们的诉讼请求吗？

《民法通则》第9条规定：当事人订立合同，应当具有相应的民事权利能力和民事行为能力。《合同法》第47条规定：限制民事行为能力人订立的合同，经法定代理人追认后，该合同有效，但纯获利益的合同或者与其年龄、智力、精神健康状况相适应而订立的合同，不必经法定代理人追认。

在我国10周岁以上未满18周岁的未成年人为限制民事行

为能力人，因此本案中，方小军年仅12岁，为限制民事行为能力人，他购买游戏机的行为不属于纯获利益的行为或与其年龄、智力相适应的行为，且未经其法定代理人——父母的同意或追认，当然不发生法律效力，法院应该支持方小军父母的诉讼请求。

对于相对人的追认权，《合同法》第47条第2款规定：相对人可以催告法定代理人在一个月内予以追认。法定代理人未作表示的，视为拒绝追认。合同被追认之前，善意相对人有撤销的权利。撤销应当以通知的方式作出。

10 非法人单位对外签订的合同是否有效？

某集团公司的下属分公司有营业执照，但非独立核算的单位。该单位以自己的名义与某服装厂签订了一份买卖合同，约定由服装厂向该分公司提供西服套装若干。服装厂签约后，由于接到更大一笔订单利润丰厚，于是想撕毁与该分公司的合同，就提出，该分公司不是独立法人，不能对外签订合同，所签订的买卖合同无效。那么，非法人单位对外签订的合同是否有效？

这个问题涉及签订合同的主体资格问题。依照合同法的规定，签订合同的主体可以是法人、公民和其他组织。其他组织是指合法成立，有一定组织机构和财产，但又不具备法人资格的组织，其中包括法人依法设立领取营业执照的分支机构。这些分支机构和设立者之间存在着一种通过设定划分经营责任而形成的授权关系。按《企业法人登记管理条例》第35条的规定："企业法人设立不能独立承担民事责任的分支机构，由该企业法人申请登记，经登记主管机关核准，领取《营业执照》，在核准登记的经营范围内从事经营活动。”本案中，该分公司是依法登记成立的经济组织，并在其核定的经营范围内从事合法经营活动，它可以作为签订合同的主体。只要它和服装厂签订的合同内容不违法，那么这份合同就应是有效合同。我国民法通则和合同法都要求当事人行使权利、履行义务应当遵循诚实信用原则。依法成立的合同，受法律保护，对当事人具有法律约束力。服装厂在签订合同后，出于谋取更多利润的考虑，想不履行合同义务，是违反法律规定和诚实信用原则的。对此，该分公司可以要求服装厂继续履行合同，并赔偿损失。

由此可见，非法人单位对外签订的合同，只要不违反法律的有关规定，就应当认定为是合法成立并生效的合同。

11 怎样委托他人代签合同？

《民法通则》第 65 条规定，民事法律行为的委托代理，可以用书面形式，也可以用口头形式。法律规定用书面形式的，应当用书面形式。为了民事活动的顺利进行，委托他人代签合同时应当注意以下两点：

(1) 尽量采用书面形式不要采用口头形式，让委托人出具书面的委托书。

(2) 委托人在书面的委托书中必须注明代理人的姓名、委托的事项、代理的权限和期限，委托人要在委托书上签字盖章。依据《民法通则》第 65 条第 3 款的规定，委托书授权不明的，被代理人应当向第三人承担民事责任，代理人负连带责任。因此为了明确权责，委托书应当尽量将委托的权限写清楚，以避免纷争。

12 哪些合同不能由他人代为签订？

不能由他人代为签订的合同主要是依法规定只能由被代理人亲自订立的合同。如收养合同、遗赠抚养协议牵涉到人身性质，必须由当事人自己办理。

13 什么是代理活动中的连带责任？

所谓连带责任，就是共同承担共同责任的责任。在共同责任中，任何一个人都有承担全部责任的义务，也就是共同责任人不仅要对自己的责任负责，对其他共同责任人的责任也要负责，也就是对全部责任负责。连带之债的债务人不履行义务时，其产生连带责任，由其共同责任人中的其他人承担全部偿还责任。根据民法通则和合同法的规定，在代理活动中的连带责任有以下几种：

（1）被代理人对代理人授权不明的连带责任。如果被代理人对授权的内容意思表示不明确，在这种情况下，被代理人应当向第三人承担民事责任，代理人负连带责任。

（2）代理人和第三人串通、损害被代理人利益的，由代理人和第三人负连带责任。生活中，有时会发生代理人为了谋取私利，取得好处，与第三人合谋，签订不平等协议，损害被代理人利益的情形。而根据《合同法》第 52 条第 2 项和《民法通则》第 58 条第 1 款第 4 项的规定，这类合同无效。构成代理人与第三人的合谋行为，应当具备以下三个条件：一是代理人有代理权，并且是以被代理人的名义执行代理的事务；二是代理人和第三人在主观上都有损害被代理人利益的故意；三是合谋的行为通常给被代理人造成损害，但并不要求必须已经造

成损害结果。

(3) 第三人知道行为人没有代理权、超越代理权或者代理权已经终止还与行为人实施民事行为给他人造成损害的，由第三人和行为人负连带责任。

(4) 代理人知道被委托代理的事项违法，但仍然进行代理活动；或者被代理人知道代理人的代理行为违法，但是不表示反对的，由被代理人和代理人负连带责任。在代理活动中，常见的违法代理有以下四种：一是被代理人将违法事项委托给代理人代理，代理人并不知道其所代理事项违法；二是代理人在进行代理活动时，从事违法行为，被代理人不知道这种情况；三是代理人知道被委托代理的事项违法，但是仍然进行代理活动；四是代理人以被代理人的名义进行违法活动，被代理人知道但是并不提出反对意见。对于前两种情形，应当分别由被代理人和代理人承担相应的责任；对于后两种情形，由代理人和被代理人承担连带责任。

(5) 在转委托的情形下也会出现承担连带责任的情形，当委托代理人转托他人代理的，应当依法办理转托手续。因委托代理人转托不明，给第三人造成损失的，第三人可以直接要求被代理人赔偿损失；被代理人承担民事责任后，可以要求委托代理人赔偿损失，转托代理人有过错的，应当负连带责任。

为了尽量减少纷争和不必要的经济损失，代签合同时，可以由代理人草签一份合同，在签字盖章之前，由被代理人亲自严格审查一遍。如果被代理人没有时间，或者法律知识少，业务不熟悉，也可以请律师或者其他人审查一遍，以使合同的内容完整、规范，减少产生纠纷的原因。

14 在合同中没有规定违约条款就不能追究违约方的责任吗？

根据合同法的规定，合同应当具有违约责任条款，如果缺少违约条款，可以认为，这份合同是不完善的。但是这并不意味着缺少违约条款，合同就无效或者当事人违约就不用承担违约责任。

因为，只要当事人对合同的内容经过协商达成一致意见，合同就成立生效。《合同法》第 44 条规定：依法成立的合同，自成立时生效。既然合同依法成立，该合同就应受到法律的保护，合同就对双方当事人具有约束力。《合同法》第 107 条规定：依法不履行合同义务或者履行合同义务不符合约定的，应当承担继续履行、采取补救措施或者赔偿损失等违约责任。第 113 条规定：当事人一方不履行合同义务或者履行合同义务不符合约定，给对方造成损失的，损失赔偿额应当相当于因违约所造成的损失，包括合同履行后可以获得的利益，但不得超过违反合同一方订立合同时预见到或者应当预见到的因违反合同可能造成的损失。因此，在合同中即使对违约责任没有约定，违约方也不能逃避应当承担的法律责任。

15 收取 4 元保管费却要赔偿 28 万元，行为人能否以显失公平为由要求免责？

王某开车到一饭店吃饭，他将车停在饭店附近的收费停车处就进了饭店就餐。2 个小时后，王某交了 4 元钱的保管费之后到了停放自己汽车的地方才发现自己的汽车不见了。王某遂要求停车处赔偿，而停车处负责人李某认为，我们只收取了 4

元钱的保管费却要赔偿28万元，这个合同显失公平，遂拒绝赔偿。那么，本案中李某的理由能够成立吗？

合同法中的显失公平是指合同的一方当事人在紧迫或者缺乏经验的情况下而订立的如果履行对其有重大不利的合同。构成显失公平需要具备以下要件：（1）当事人之间的权利义务明显不对等。一方享有过多或者过于优越的权利，而另一方负担过多的风险或承担过于苛刻的义务，利益的极不均衡违背了民法的等价、公平原则。（2）一方当事人是在缺乏经验或情况紧迫时订立的合同。当事人由于自身轻率或没有经验，对行为的内容缺乏正当认识，而被对方当事人所利用，从而订立了显失公平的合同；或者在紧急的情形下，对方当事人利用其优势地位与其订立了显失公平的合同。显失公平的合同在订立过程中，处于不利地位的一方当事人并未能充分地表达其意愿，在这个意义上，显失公平的合同也是意思表示不真实的合同。（3）显失公平的发生时间是在订立合同之时。合同订立以后，由于客观情况的变化，如市场行情的变化等使当事人之间的权利义务显失公平的，是属于正常的交易风险，不属于显失公平的情形。根据合同法的规定，显失公平的合同是可撤销的合同。当事人一方可以申请法院或者仲裁机构予以撤销。本案中，王某和李某之间订立的保管合同是双方真实意思的表示，是有效成立的合同，该保管合同并不符合显失公平的构成要件。因此，李某的辩解没有法律依据，他应当依法赔偿王某的经济损失。

16 什么是缔约过失责任？日常生活中，对于哪些情形可以主张缔约过失责任？

缔约过失责任，是指在合同订立过程中，一方因违背其依据诚实信用原则所应负有的义务，而造成另一方受到损失，应当承担的民事责任。缔约过失责任不同于违约责任，违约责任存在的前提是有效合同的存在，而缔约过失责任是在订立合同过程中出现的，合同并不存在或者合同无效。

根据《合同法》第42条的规定，日常生活中，当事人一方在订立合同过程中有下列情形之一：（一）假借订立合同，恶意进行磋商；（二）故意隐瞒与订立合同有关的重要事实或者提供虚假情况；（三）有其他违背诚实信用原则的行为。给合同的另一方造成损失的，应当承担损害赔偿责任，该责任即为缔约过失责任。如甲想购买乙的房子，经协商，甲同意3天后签订正式的合同，并先交2万元给乙，乙出具的收条上写明为“收到甲订金2万元。”3天后，甲了解到乙故意隐瞒了该房产权证尚未办理的情况，所以拒绝签订合同。在本案中乙就违反了诚实信用原则，因此应当承担缔约过失责任，应当返还甲2万元并赔偿甲在买房过程中受到的损失。

17 缔约过失责任的赔偿范围包括哪些内容？

在订立合同过程中给对方造成的损失一般表现为一方因为信赖合同的成立和有效，但由于合同未成立或者无效的结果所遭受的损失。学理上一般称为信赖利益的损失。该损失包括直接损失和间接损失。直接损失包括：（1）缔约费用，包括邮电费用、赴定约地或查看标的物所支出的合理费用；（2）准备履行所支付的合理费用，包括为运送标的物或受领对方给付的合理费用；（3）信赖人支出上述费用所失去的利息。间接损失一般指失去与第三人另行订立合同的机会所产生的损失。一般而言，缔约过失责任的赔偿范围包括上述几项，并且不应超过合同履行时能取得的利益。

18 提供格式条款的一方在订立合同时要注意哪些问题？

甲新购一辆汽车，投了乙保险公司的汽车险。后来有一天，甲在驾车正常行驶过程中，汽车由于自燃原因而引起爆炸，汽车报废。甲向乙保险公司请求赔付，乙以保险合同中第35条有“汽车由于自燃原因引起的损害，保险公司不承担赔偿责任”的约定为由拒绝赔偿。甲不服。诉至法院请求乙赔付。该案件该如何判决呢？

正确处理此案的关键在于正确理解格式条款的含义及其适用。格式条款是格式合同中的部分条款，是当事人为了重复使用而预先拟定，并在订立合同时不容对方协商的条款。提供格式条款的一方在订立合同时，对于其中的免除责任、限制责任条款要尽到两个义务：（1）提示义务。即采取合理的方式提请对方注意免除或者限制其责任的条款。（2）说明义务。即应对方要求对该条款予以说明，否则，该条款无效。

对于本案，如果乙无法举证自己在订立合同时曾提醒甲注意合同中的第35条内容并就该内容对甲做过说明，那么该条对甲就不发生法律效力，法院就应判决支持甲的诉讼请求。否则，法院就应驳回甲的诉讼请求。

19 在什么情形下格式条款是无效的?

2005年5月9日，李某将一卷拍有自己举行婚礼活动的柯达彩色胶卷交给某彩色扩印服务部（以下简称彩扩部）冲印，并预交冲印费18元。彩扩部工作人员开出冲印单一张交给李某。第二天，李某去彩扩部取件时，被告之其胶卷暂时找不到，可能被他人误领，让李某等几日再来。后李某多次催要无果，为此要求彩扩部赔偿损失。彩扩部只愿依照取像单上列明的条款赔偿，该单子上写明：如遇意外损坏或遗失，只赔同类同号胶卷。李某遂向法院起诉，要求法院判决被告赔礼道歉并赔偿精神损失费5000元。那么，本案中取像单上的条款有效吗？法院会支持李某的诉讼请求吗？

本案涉及格式条款的效力问题，根据《合同法》第39条的规定，采用格式条款订立合同的，提供格式条款的一方应当遵循公平原则确定当事人之间的权利和义务，并采取合理的方式提请对方注意免除或者限制其责任的条款，按照对方的要求，对该条款予以说明。《消费者权益保护法》第24条规定：经营者不得以格式合同、通知、声明、店堂告示等方式作出对消费者不公平、不合理的规定，或者减轻、免除其损害消费者合法权益应当承担的民事责任。格式合同、通知、声明、店堂告示等含有前款所列内容的，其内容无效。本案中被告在取像单上列明了“如遇意外损坏或遗失，只赔同类同号胶卷”这一免责条款。但是这一条款的内容显然违背了公平原则，因为载有纪念原告结婚内容的已拍胶卷的价值是一般空白胶卷无法相比的，遗失这一胶卷除给原告造成财产损失外，还给原告造成了其他损失。因此，这一免责条款减轻了被告应承担的损害赔偿责任，这对原告来说是极不公平的。《合同法》第40条规定，提供格式条款一方免除其责任、加重对方责任、排除对方主要权利的，该条款无效。这一条与第 39 条所规定的“遵循公平的原则”是一致的。本案中的免责条款免除了被告承担其他损失的责任，加重了原告责任并排除了原告要求被告作出合理赔偿的权利。因此，彩扩部制定的这一免责条款是无效的。

综合合同法的规定，在下列情形下格式条款是无效的：

一是格式条款有《合同法》第 52 条所列的五项情形之一的。（详见本书相关章节）

二是格式条款有《合同法》第 53 条所列两项情形的，即：（一）免除造成对方人身伤害责任的；（二）免除因故意或者重大过失造成对方财产损失责任的。需要注意的是，对于人身损害责任，在任何情形下免除的规定都是无效的，对于财产损害责任，只有在责任人故意、重大过失的情形下免除责任的规定才是无效的。

三是格式条款的提供方免除其责任的，该格式条款无效。如某些商家购物发票上所写的“商品一旦售出概不退换”的规定就是没有法律效力的。

四是格式条款的提供方加重对方责任的，该条款无效。

五是格式条款的提供方排除对方主要权利的，该条款亦无效。本案就属该类情形。

20 什么是可撤销合同？在什么情形下合同可以撤销？

所谓可撤销合同是指因为意思表示不真实，通过撤销权人行使撤销权，使已经生效的合同归于无效的合同。可见，可撤销的合同在未被撤销前，是有效的合同，只是由于意思表示不真实，由撤销权人通过行使撤销权使合同自始无效。

根据《合同法》第54条的规定，在以下四种情形下合同当事人一方有权请求人民法院或者仲裁机构变更或者撤销：

（1）因重大误解订立的合同。所谓重大误解，根据最高人民法院《关于贯彻执行中华人民共和国民法通则若干问题的意见（试行）》第71条规定，是指行为人因对行为的性质、对方当事人、标的物的品种、质量、规格和数量等的错误认识，使行为的后果与自己的意思相悖，并造成较大损失的行为。

（2）在订立合同时显失公平的。显失公平，是指一方当事人利用优势或者对方没有经验，致使双方当事人的权利与义务在订立合同时明显违反公平。例如，某人因资金严重短缺或经营上的迫切需要，而向他人借高利贷，此种借贷合同大多属于显失公平的合同。

（3）一方以欺诈、胁迫的手段在违背对方真实意思的情况下订立的合同。根据《最高人民法院关于贯彻执行〈中华人民共和国民法通则〉若干问题的意见》（下称《民通意见》）第68条，一方当事人故意告知对方虚假情况，或者故意隐瞒真实情况，诱使对方当事人作出错误意思表示的，可以认定为欺诈行为。《民通意见》第69条规定：以给公民及其亲友的生命健康、荣誉、名誉、财产等造成损害，或者以给法人的荣誉、名誉、财产等造成损害为要挟，迫使对方作出违背真实的意思表示的，可以认定为胁迫行为。由此可见，胁迫是一方向另一方表示施加危害，使其发生恐惧，另一方基于此恐惧而为一定意思表示的行为。

(4) 乘人之危，使对方在违背真实意思的情况下订立的合同。乘人之危一般与显失公平相联系，乘人之危是因，显失公平是果。

对于在上述情形下订立的合同，当事人才能申请撤销，而生活中有些人在签了合同后又反悔的是不能申请撤销合同的。此外，当事人对可撤销的合同请求变更的，人民法院或者仲裁机构不能撤销。合同法作出这样的规定主要是基于维护交易稳定的考虑，不轻易使已经订立的合同失效。

21 如何申请撤销合同?

依据法律规定，法院或者仲裁机构不能主动撤销合同，只能在受损害方向法院或仲裁机构提出撤销申请的情况下，法院或仲裁机构才能依法变更或者撤销合同。撤销权通常由因意思表示不真实而受损的一方当事人享有。如欺诈胁迫行为的受害人、重大误解中的误解人、显失公平情况中的遭受重大不利的一方。

撤销权人必须在规定的期间内行使撤销权。因为可撤销的合同往往只涉及当事人一方意思表示不真实的问题，如果当事人自愿接受此种行为的后果，则法律准许这种行为有效。如果撤销权人长期不行使其权利，不主张撤销，在合同已经生效后的很长时间再提出撤销，则会使一些合同的效力长期处于不稳定状况，不利于社会经济秩序的稳定。《合同法》第 55 条规定，具有撤销权的当事人自知道或者应当知道撤销事由之日起一年内没有行使撤销权的，撤销权消灭。具有撤销权的当事人知道撤销事由后明确表示或者以自己的行为放弃撤销权的，撤销权消灭。可撤销合同一旦撤销，则从行为开始时起无效。不过对于可撤销的合同，当事人请求变更的，人民法院或者仲裁机构不得撤销。

22 公司被解聘的职员用带走的空白合同书与他人签约，公司是否应承担法律责任？

刘某为德兴公司的电脑销售人员，2005 年 3 月份该公司因故解除了和刘某的劳动合同。5 月 10 日刘某原先的客户——甲公司与刘某联系，想再购买 10 台电脑，刘某用手中未交回的德兴公司的空白合同书和甲公司签订了 10 台电脑的销售合同，并收取了甲公司给的 20000 元的预付款后没了踪影，后甲公司向德兴公司要求提取货物，而德兴公司以该合同书未经其授权签订而不予承认，双方因此闹上了法庭。那么，本案该如何处理呢？

依据《合同法》第 49 条的规定，行为人没有代理权、超越代理权或者代理权终止后以被代理人名义订立合同，相对人有理由相信行为人有代理权的，该代理行为有效。这即是表见代理。表见代理的构成要件是：（1）行为人无代理权；（2）有使相对人相信行为人具有代理权的事实或理由；（3）相对人为善意；（4）行为人与相对人之间的民事行为具备民事法律行为成立的有效要件。表见代理产生和有权代理一样的后果，即被代理人对代理人的代理行为承担民事责任。

在实践中，一般在下列情况下发生表见代理，也即在下列情况下有理由相信行为人有代理权：（1）被代理人明知行为人以被代理人名义订立合同而不否认的；（2）被代理人的工作人员超越职务范围以被代理人名义从事相关的民事活动的；（3）行为人用被代理人的合同专用章或者加盖公章的空白合同书、介绍信订立合同，被代理人不能证明是盗用或虽能证明是盗用但不能证明自身无过错的；（4）被代理人授权范围不明的；（5）代理权被终止或者被限制，被代理人应当通知但未及时通知相对人的；（6）其他足以使相对人有理由相信行为人有代理权的情形。法官在判断构成表见代理还是无权代理时一般受行为发生的原因、条件、环境因素、行为人的职业特征、假象的掩蔽程度和普通人对假象的认知程度等多种因素影响，其判断标准是足以使一般常人认为其有代理权。

在本案中，刘某原为德兴公司的销售人员，并且与甲公司有过业务往来，因此，当刘某拿着空白合同书与甲公司签订合同时，甲公司有理由相信刘某仍为德兴公司的工作人员，有权签订销售合同，因此构成表见代理，该销售合同为有效合同，德兴公司应当依约履行义务，向甲公司提供10台电脑，甲公司亦应依约付清剩余的货款。至于刘某给德兴公司造成的损失，德兴公司可以另行提起诉讼，要求刘某归还货款。

23 无权代理人以被代理人名义订立的合同效力如何？

《合同法》第48条规定，行为人没有代理权、超越代理权或者代理权终止后以被代理人名义订立的合同，未经被代理人追认，对被代理人不发生效力，由行为人承担责任。

相对人可以催告被代理人在一个月内予以追认。被代理人未作表示的，视为拒绝追认。合同被追认之前，善意相对人有撤销的权利。撤销应当以通知的方式作出。

由此规定可以看出，无权代理人以被代理人名义订立的合同并不是无效合同，而是属于效力待定合同。合同的效力需等被代理人的追认，如果被代理人接受该合同，则由被代理人承担合同责任，如果被代理人拒绝追认，则该代理行为对其不发生效力，由行为人承担合同责任。《民法通则》第66条第1款规定，在无权代理情况下，本人知道他人以本人名义实施民事行为而不作否认表示的，视为同意。即被代理人明知他人无权代理而保持沉默，为默示追认，代理应有效。而《合同法》第48条第2款规定：无权代理中，“相对人可以催告被代理人在一个月内予以追认。被代理人未作表示的，视为拒绝追认”。据此，被代理人因被催告而知道无权代理，如沉默不作表示，视为默示拒绝追认，代理应无效。这一点看似矛盾，实际上可以这样理解：在无权代理行为进行过程中，本人知悉情况后不做否认表示视为同意，而发生追认的情形则在代理行为实施完毕后，如果本人不作出明示的追认表示的，视为拒绝追认，这里指的是两个不同的阶段，因此法律的规定并没有矛盾之处。

24 被代理人死亡后委托代理人的代理行为一律无效吗？

根据《民通意见》第82条的规定，被代理人死亡后有下列情况之一的，委托代理人实施的代理行为有效：（1）代理人不知道被代理人死亡的；（2）被代理人的继承人均予承认的；（3）被代理人与代理人约定到代理事项完成时代理权终止的；（4）在被代理人死亡前已经进行、而在被代理人死亡后为了被代理人的继承人的利益继续完成的。

25 法人或者其他组织的法定代表人或负责人的越权行为是否有效?

自然人和法人都具有民事权利能力。所谓民事权利能力，是指据以充当民事主体，享受民事权利和承担民事义务的法律地位和法律资格。自然人一出生，就具有民事权利能力。法人应依法登记才被赋予民事权利能力。我国《民法通则》第49条规定：企业法人应当在核准登记的经营范围内从事经营。经核准登记的法人经营范围就是法人的民事权利能力。与自然人的民事行为能力不同，法人一经登记就具有完全的民事行为能力。然而法人只是一个组织体，不能自己实施法律行为，因此法律设法定代表人制度，法定代表人对外实施的民事法律行为即法人的行为。法定代表人也不可能事必躬亲，因此，法人或者其他组织的法定代表人、负责人对外实施的民事法律行为也视为法人的行为。

依据《合同法》第50条的规定，法人或者其他组织的法定代表人、负责人超越权限订立的合同，除相对人知道或者应当知道其超越权限的以外，该代表行为有效。在相对人不知情的情况下，相对人是善意无过失的，为了促进交易的完成，促进经济活动的开展，保护善意第三人的利益，法律规定此种行为构成表见代理，应当由法人来承担相应的合同责任。

26 无处分权人订立的处分他人财产的合同是否一律无效?

无处分权人订立的处分他人财产的合同，原则上一律无效。但《合同法》第51条规定，在下列两种情形下，无处分权人订立的处分他人财产的合同有效：（1）权利人追认了无处分权人订立的合同；（2）无处分权人订立合同后取得了财产的处分权。例如，甲把手机借给乙使用，乙却把手机卖给了丙，乙的出卖手机行为即属于无权处分行为。此种情况下，如果甲追认了乙的处分行为，或者甲通过赠与、出卖等方式把手机的所有权转移给乙，则乙的出卖手机的行为有效。

27 什么叫合同的解释？

关于合同的解释，有人认为，合同解释是对合同内容及含义的理解和探讨。有人则主张：合同解释，不是指合同当事人或其他任何人对合同条文或所用文句所作的解释，而是指受理案件的法院或仲裁机构依其职权对合同条文所用文句的正确含义所作的解释。由此可见，从不同角度对合同解释所下的定义也不同。

（1）关于合同解释的主体。合同解释的主体有广义和狭义之分，广义的合同解释主体为任何人。当事人、诉讼代理人、公证人、鉴证人员、证人、鉴定人、法官、仲裁员、学者都可以从不同的角度对合同进行解释。狭义合同解释的主体，仅指对合同及其相关资料所作的具有法律拘束力的解释的受理合同纠纷的法院或仲裁机构。狭义合同解释主体对合同进行的解释具有强制执行的法律拘束力，是制作调解书、判决书和仲裁裁决书的重要依据之一。

（2）关于合同解释的客体。合同解释的客体既包括发生争议的合同中使用的语言文字，也包括没有争议的合同文字。根据《合同法》第 125 条的规定，在解释合同时，不仅要考虑合同所使用的词句、合同的有关条款、合同的目的，还要考

虑交易习惯以及诚实信用原则，才能公正地确定该条款的真实意思。合同文本采用两种以上文字订立并约定具有同等效力的，对各文本使用的词句推定具有相同含义。各文本使用的词句不一致的，应当根据合同的目的予以解释。

28 对格式条款的理解发生争议时，该如何处理？

对格式条款的理解其实质也就是对合同的解释，《合同法》第 41 条规定，对格式条款的理解发生争议的，应当按通常理解予以解释。对格式条款有两种以上解释时，应当作出不利于提供格式条款一方的解释。格式条款和非格式条款不一致的，应当采用非格式条款。

29 限制民事行为能力人订立的合同都属无效吗？

限制民事行为能力人主要是指 10 周岁以上不满 18 周岁的未成年人以及不能完全辨认自己行为的精神病人，他们订立的合同，根据《合同法》第 47 条的规定，限制民事行为能力人订立的合同，经法定代理人追认后，该合同有效，但纯获利益的合同或者与其年龄、智力、精神健康状况相适应而订立的合同，不必经法定代理人追认。

由此可见，限制民事行为能力人订立的合同有两种情形：(1) 合法成立生效的合同。此类合同仅指纯获利益的合同以及与其年龄、智力、精神健康状况相适应的合同，如接受馈赠、用零花钱购买小额的物品等行为。(2) 效力待定的合同。除前面第 (1) 种情形外，限制民事行为能力人订立的合同均为效力待定的合同，如果法定代理人对该合同进行追认，则合同成立且生效，如果拒绝追认，则合同无效。关于追认，合同法规定，相对人可以催告法定代理人在一个月内予以追认。法定代理人未作表示的，视为拒绝追认。合同被追认之前，善意相对人有撤销的权利。撤销应当以通知的方式作出。

30 无效合同包括哪几种情形？

根据《合同法》第 52 条的规定，有以下情形之一的，合同无效：（1）一方以欺诈、胁迫的手段订立合同，损害国家利益；（2）恶意串通，损害国家、集体或者第三人利益；（3）以合法形式掩盖非法目的；（4）损害社会公共利益；（5）违反法律、行政法规的强制性规定。

31 如何界定"一方以欺诈、胁迫的手段订立合同"中的"欺诈、胁迫"？

根据《民通意见》的规定，采用欺诈手段订立合同，是一方当事人故意告知对方虚假情况，或者故意隐瞒真实情况，诱使对方作出错误表示而订立的合同。重大误解和欺诈在司法实践中有时容易混淆，区别二者的关键在于：在重大误解的情况下，误解一方陷入错误认识是由于自己的过失（非故意）造成的，而非受欺诈的结果；在欺诈的情况下，受欺诈人陷入错误认识是由于他人实施欺诈行为而诱使自己作出非真实的意思表示，而非自己的过失造成的。欺诈、胁迫行为损害国家利益的为无效行为，损害非国家利益的，属于可撤销行为。构成欺诈行为一般必须具备以下 4 个要件：（1）欺诈人有欺诈的故意。实际生活中，陈述错误事实并不少见，根据行为人的动机可以分为两类：第一类是行为人故意陈述错误事实，此时就构成欺诈的主观要件；第二类是行为人由于客观条件的限制，认为陈述的错误事实是真实的，即他主观上并没有陈述错误事实的故意，此时不构成欺诈的主观要件。但是如何区分行为人是否具有陈述错误事实的故意，却非易事。这主要从行为人的行为动机、知识经验以及其所处的客观环境去认定。（2）欺诈人实施了欺诈行为。例如将假冒伪劣商品说成质优价廉。大部分国家的法律规定，当行为人有义务说明真实情况而不说明、保持沉默即构成欺诈。我国法律对沉默是否构成欺诈的规定与上述规定相似，例如《产品质量法》第28条规定，销售者出售某种不具备产品应当具备的使用性能的产品，应当事先向消费者或用户作出说明，否则销售者应当承担民事责任。该规定表明在负有说明义务时保持沉默即构成欺诈。另外依据诚实信用原则负有说明义务的，也不能保持沉默。（3）被欺诈人因欺诈而陷入错误。构成欺诈，一般必须是被欺诈人的错误认识与欺诈人的欺诈行为之间具有因果关系。（4）被欺诈人因错误而为意思表示。如果被欺诈人的意思表示并不是因欺诈行为而作出的，也不构成欺诈。这表明被欺诈人的意思表示与欺诈行为之间具有因果关系。

采用“胁迫”手段订立合同是指以给公民及其亲友的生命健康、荣誉、名誉、财产等造成损失或者以给法人的荣誉、名誉、财产等造成损害为要挟，迫使对方作出违背真实意思表示而订立的合同。胁迫一般包括以下两种情形：（1）以将要发生的、会造成被胁迫人生命、财产、名誉、自由、信誉的损害进行胁迫；（2）以直接对被胁迫人或其亲友实施不法行为，造成对当事人及其亲友的生命、财产、名誉、自由、信誉的损害进行胁迫。此种情形下，不仅合同无效，而且胁迫人直接侵犯了被胁迫人的人身和财产安全，应承担侵权行为责任。构成胁迫也必须具备4个要件：（1）胁迫人具有胁迫的故意。胁迫的故意，包括两层意思：第一层是明知会造成被胁迫人发生恐惧而故意进行威胁；第二层是希望通过胁迫行为使被胁迫人作出某种意思表示。（2）胁迫人实施了胁迫行为。胁迫行为既可以以将来发生的损害，也可以以直接发生的损害相威胁。受胁迫危害的人既可以是被胁迫人的被代理人，也可以是被胁迫人的父母、配偶、儿女等亲属。受危害的客体是公民及其亲友的生命健康、荣誉、名誉、财产，或者法人的荣誉、名誉、财产等。（3）被胁迫人因胁迫而订立了合同。该要件要求胁迫行为与被胁迫人的意思表示之间具有因果关系。（4）胁迫行为是非法的。如果一方有合法根据对另一方施加压力则不构成胁迫。

胁迫和欺诈是两个比较相近的概念，因为二者主观上都有故意，并且其实施的行为都具有不法性。但是，胁迫的危害程度较欺诈大，因为欺诈仅是故意陈述虚伪事实或隐瞒真实情况，从而使对方陷入错误；而胁迫则以对方及其亲友的生命健康、荣誉、名誉、财产等造成损害相要挟，如果直接给对方或其亲友造成损害，则构成侵权。

32 如何界定"因重大误解订立合同"中的"重大误解"？

何谓"重大误解"，《民通意见》第71条规定，行为人因对行为的性质、对方当事人、标的物的品种、质量、规格和数量的错误认识，使行为的后果与自己的意思相悖，并造成较大损失的，可以认定为重大误解。司法实践中，重大误解一般包括如下几种情况：（1）对合同的性质发生误解，如将买卖作为赠与；（2）对当事人特定身份的错误认识，如以为对方能加工制作家具而与其签订加工承揽合同，但实际上对方只是负责家具设计；（3）对标的物性质的误解，如把赝品当作真品；（4）对标的物质量的认识错误；（5）对标的物价值或报酬的误解。此外，如果当事人对标的物数量、包装、履行方式、履行地点、履行期限等内容的误解，如果并未影响当事人权利义务或合同目的的实现，一般不应认定为重大误解。

构成重大误解必须具备以下4个要件：（1）必须对合同主要内容发生了重大误解。如果仅仅对合同的非主要条款发生误解，并且不影响合同的目的及双方当事人的权利义务则不构成重大误解。（2）误解人因为误解作出了意思表示。即误解人的误解与其意思表示之间具有因果关系。（3）误解是由误解人自己的过错造成的。这也是误解和欺诈、胁迫及乘人之危的主要区别之一。即误解人的错误认识不是源于对方当事人的过错行为，而是由于自己的不谨慎。（4）误解是误解人的非故意行为。在此不允许当事人以重大误解为借口，而实属于故意或重大过失的行为来撤销合同。

33 什么是同时履行抗辩权？

甲、乙订立了一份商品买卖合同，约定甲交付10吨货物给乙，乙付款100万元。后来甲只交付了8吨货物，同时请求乙付款100万元。后来，乙付款80万元，同时提出，甲应先交付另外2吨货物，乙其后再付款。乙的主张有无道理？为什么？

本案中，甲、乙未约定履行顺序，所以在对方未按照合同约定履行义务时，双方均可以行使同时履行抗辩权。抗辩权就是指对抗他人行使权利的权利。《合同法》第66条规定，当事人互负债务，没有先后履行顺序的，应当同时履行。一方在对方履行之前有权拒绝其履行要求。一方在对方履行债务不符合约定时，有权拒绝其相应的履行要求。即成立同时履行抗辩权须满足以下条件：双方互负债务；没有先后履行顺序，应当同时履行；双方的债务均已到期；他方当事人尚未履行。

因此，对于本案，乙在甲只交付8吨货物的情况下，针对甲提出的100万元的付款请求可以行使同时履行抗辩权，但只能行使20万元的抗辩权，对于另外80万元，乙无权行使抗辩权。后来，乙付款80万元后，主张甲先交付另外2吨货物然后才付款，乙的这一主张也是没有道理的，因为此时甲也可以行使同时履行抗辩权对抗乙的这一主张。

34 什么是先履行抗辩权？

2005年5月12日，原告蓝天公司与被告恒通公司签订了一份购销合同，合同约定，由被告供给原告200吨钢材，总计货款400万元。合同还约定，由原告支付合同定金50万元，其中25万元在合同订立当天支付，余下的25万元在提货当天支付，付清后即可提25万元现货。其余货物由原告在45天内分三期付清货款并提完。若原告不能按期提货，货由被告处理并没收原告预付的25万元定金，若被告不给原告供货，则由被告双倍支付定金给原告。在签约的当天，原告依约向被告支付了25万元定金。被告收取25万元定金后，于当天向原告出具收条。之后，被告未在合同约定的期限内向原告供货，也没有提供其备足货物及通知原告付款提货的证据，原告也没有支付第二笔25万元定金。为此原告起诉到法院，要求法院判令被告双倍返还定金，并承担本案诉讼费用。

本案的争议之处在于如何理解“余下25万元在提货当天支付，付清后即可提25万元现货”的合同约定。原告蓝天公司的义务是提货当天付清余下的25万元，被告恒通公司的义务是收到25万元现金后交货。那么，提货的日期应当由供货方确定还是由提货方确定呢？如果由供货方确定则供货方负有通知义务，反之则由提货方承担通知义务。而提货日期由提货方确定的情形下，一般供货方的货物已备好，提货方可以随时提货。本案中，由于货物数额较大，原告作为提货方是无法自行确定提货日期的，提货日期只能由被告供货方确定，因此，被告在此案中负有通知提货的义务。在接到提货通知后，原告才能支付第二笔定金并提货。本案其实涉及了合同中先履行抗辩权的问题，先履行抗辩权是指依照法律规定或者约定，双方当事人有先后履行顺序，在对方没有先履行合同义务的前提下，后给付义务人有权拒绝其相应的履行请求并不用承担违约责任。《合同法》第67条规定，当事人互负债务，有先后履行顺序，先履行一方未履行的，后履行一方有权拒绝其履行要求。先履行一方履行债务不符合约定的，后履行一方有权拒绝其相应的履行要求。本案中，被告不履行通知义务是导致合同不能履行的根本原因，因此，被告恒通公司应承担违约责任，原告在被告没有履行通知义务前，有权行使先履行抗辩权不支付第二笔定金，并不用承担违约责任。

35 什么是不安抗辩权？

某项目开发有限公司（下称开发公司）与樊某达成协议，由樊某购买开发公司在建的商品房一套。同年12月20日，樊某预付了购房款40000元。事后，樊某得悉开发公司所预售的商品房未取得商品房预售许可证，遂不再支付余下的房款，也不愿接收已竣工的房屋，并向法院起诉，要求确认购房协议无效，开发公司返还其预付的购房款40000元，并赔偿其利息损失250元。开发公司则认为商品房预售许可证早晚都能办下来，樊某没有正当理由拒绝履行合同，应当承担违约责任。那么，本案该如何正确认定呢？

要想正确认定本案，就必须掌握我国合同法规定的不安履行抗辩权。不安抗辩权是指在当事人互负债务，并有先后履行顺序的情况下，先履行义务人在有证据证明后给付义务人的经营状况严重恶化，或者转移财产、抽逃资金以逃避债务，或者有欺诈行为，丧失商业信誉，以及有丧失或可能丧失履行债务能力的其他情形时，可中止合同的履行。可见，不安抗辩权的行使必须符合下列条件：（1）因同一双务合同而负债务，负有先履行义务的一方当事人才能享有不安抗辩权；（2）后给付义务人的履行能力明显降低，有不能给付的现实危险；（3）后给付义务人未提供适当的担保。后给付义务人在合理期限内没有恢复履行能力，也未提供适当担保的，中止履行的一方可以解除合同；提供了适当担保时，中止履行的一方应恢复履行。

在本案中，商品房预售合同是以正在建设中的房屋作为买卖的标的物，商品房只有在竣工后才能交付给买受人，履行合同的期限较长，存在着较大的交易风险。购房人出于对预期利益的保护而拒付剩余房款，属于行使不安抗辩权的行为，根据合同法的有关规定，法院应予以支持。同时，根据《城市商品房预售管理办法》第 13 条的规定："开发企业未按本办法办理预售登记，取得商品房预售许可证预售商品房的，责令停止预售、补办手续，没收违法所得，并可处以已收取的预付款 1% 以下的罚款。"可见，预售人在合同订立后补办了预售许可证的，商品房预售合同仍然具有法律效力。但本案中合同纠纷已进入诉讼阶段，开发商仍未办理许可证的，则应认定合同无效。由于导致合同无效的责任在开发公司，开发公司应承担返还房款、赔偿损失的民事责任。

不安抗辩权制度对于加强债权人的自我保护，完善市场机制，提高交易安全，预防因一方没有履行能力而给另一方造成损害有着重要意义。不过行使不安抗辩权应受到下列条件的限制，不能滥用：（1）通知的义务，先履行义务人行使不安抗辩权而中止履行的，应当及时通知对方，目的是促使对方提供适当的担保，如先履行义务人没有及时通知对方的，应承担违约的责任；（2）举证义务，先履行义务人应举出对方不能履行的确切证据，如果没有确切证据证明对方有《合同法》第 68 条规定的情形而中止合同履行的，系违约行为，仍应履行合同义务，并承担迟延履行的违约责任。

36 合同内容不明确该怎么办？

在签订合同时，由于当事人的疏忽或者对法律、对业务、对签订合同的常识了解不多，在签订合同时，往往对质量、价款或者报酬、违反合同的责任等内容，没有约定或者约定不明确，从而给合同履行带来了一系列的麻烦，甚至会给当事人造成损失。在这种情况下该怎么办？《合同法》第61、62、63条给出了明确规定：

首先，合同生效以后，当事人就质量、价款或者报酬、履行地点等内容没有约定或者约定不明确的，可以协议补充；不能达成补充协议的，按照合同有关的条款或者交易习惯确定。

其次，如果按照上述方法仍无法确定的，可以采用下列做法：

(1) 质量要求不明确的，按照国家标准、行业标准履行；没有国家标准、行业标准的，按照通常标准或者符合合同目的的特定标准履行。“通常标准”一般是指行业标准、企业标准，等等。

(2) 价款或者报酬不明确的，按照订立合同时履行地的市场价格履行；依法应当执行政府定价或者政府指导价的，按照规定履行。

(3) 履行地点不明确，给付货币的，在接受货币一方所在地履行；交付不动产的，在不动产所在地履行；其他标的，在履行义务一方所在地履行。

(4) 履行期限不明确的，债务人可以随时履行，债权人也可以随时要求履行，但应当给对方必要的准备时间。

(5) 履行方式不明确的，按照有利于实现合同目的的方式履行。

(6) 履行费用的负担不明确的，由履行义务一方负担。

(7) 实行政府定价或者政府指导价的，在合同约定的交付期限内，政府价格调整时，按照交付时的价格计算；逾期交货的，遇价格上涨时，按照原价格执行；价格下降时，按照新的价格执行。逾期提货或者逾期付款的，遇价格上涨时，按照新价格执行；价格下降时，按照原价格执行。

37 债务人不行使对第三人享有的债权，对债权人造成损害的，债权人该采取何措施？

《合同法》第73条规定：因债务人怠于行使其到期债权，对债权人造成损害的，债权人可以向人民法院请求以自己的名义代位行使债务人的债权，但该债权专属于债务人自身的除外。代位权的行使范围以债权人的债权为限。债权人行使代位权的必要费用，由债务人负担。

该条款所规定的即是债权人的代位权。债权人为了保全自己的债权，在债务人怠于行使其对第三人的债权对债权人造成损害时，债权人可以代替债务人向债务人的债务人主张权利。例如，甲欠乙货款10万元，丙又欠甲货款8万元，由于甲怠于行使对丙的债权，因此甲无力清偿乙的货款。此时，乙可依据代位权替甲行使对丙的债权，敦促丙履行对甲的债务。

代位权为债权保全的一种方式，它只能由债权人行使，并且只有在具备以下条件时才能行使：

（1）债权人与债务人之间存在合法的债权债务关系。

（2）债务人享有对第三人的债权，且已到期。

（3）债务人怠于行使该债权，对债权人造成损害。“怠于行使”的含义是指债务人不以诉讼的方式或者仲裁的方式向债务人主张其享有的具有金钱给付内容的到期债权，即债务人对于应行使并可以行使的债权没有行使，简言之，就是欠款到期能要求债务人还债而不提出还债要求。债务人不及时行使对第三人的债权，致使债权人债权有消灭或价值减少的可能，并且直接有损于债权人的债权实现。

（4）债务人的债权不是专属于债务人自身的债权。专属于债务人自身的债权，是指基于扶养关系、抚养关系、赡养关系、继承关系产生的给付请求权和劳动报酬、退休金、养老金、抚恤金、安置费、人寿保险、人身伤害赔偿请求权等权利。

综上所述，债务人不行使对第三人享有的债权，对债权人造成损害的，债权人可以申请人民法院行使代位权，追索债务人的债权。不过债权人代位行使的范围应以保全债权为标准，即代位权的行使范围以债权人的债权为限。

38 如何提起代位权诉讼？

为防止债权人滥用代位权，我国合同法规定债权人不得自己直接行使代位权，必须通过人民法院来行使代位权。

根据《合同法解释（一）》的规定，代位权诉讼由次债务人住所地法院管辖。在代位权诉讼中，原告是债权人，即债权人以自己的名义向法院提起诉讼。被告是次债务人，也就是债务人的债务人。债务人为第三人，如果未将债务人列为第三人的，人民法院可以追加。在代位权诉讼中，债权人请求人民法院对次债务人的财产采取保全措施的，应当提供相应的财产担保。在代位权诉讼中，次债务人对债务人的抗辩，可以向债权人主张。债务人在代位权诉讼中对债权人的债权提出异议，经审查异议成立的，人民法院应当裁定驳回债权人的起诉。在代位权诉讼中，债权人胜诉的，诉讼费由次债务人负担，从实现的债权中优先支付。

39 在代位权诉讼中，次债务人应当向谁履行清偿义务？

甲欠乙3万元，丙欠甲4万元，均已到期，由于甲不及时向丙主张债权已危害到了乙的债权，乙最后以丙为被告向法院提起代位之诉，要求丙偿还其3万元，那么，法院判决后丙该向谁支付该款项呢？如果乙主张丙归还4万元，那么，法院该如何处理该诉讼请求呢？

根据《合同法解释（一）》第20条的规定，债权人向次债务人提起的代位权诉讼经人民法院审理后认定代位权成立的，由次债务人向债权人履行清偿义务，债权人与债务人、债务人与次债务人之间相应的债权债务关系即予消灭。可见，在行使代位权的过程中，是由次债务人直接向债权人履行义务。因此，丙应当向乙支付该3万元款项，对于丙仍欠甲的1万元，甲可以向有管辖权的人民法院另行起诉。

甲欠乙3万元，丙欠甲4万元，若乙起诉丙归还4万元，显然超过了乙享有的3万元的债权数额，对此，《合同法解释（一）》第21条规定，在代位权诉讼中，债权人行使代位权的请求数额超过债务人所负债务额或者超过次债务人对债务人所负债务额的，对超出部分人民法院不予支持。因此，对于乙提出的诉讼请求，法院只能支持其3万元的部分，对超出的1万元部分法院不予支持。

40 债务人放弃债权或者无偿转让财产，债权人应采取何种措施？

乙欠甲债10万元，到期未还。乙只有一辆汽车价值在10

万元左右。一天，乙将汽车赠与丙，丙不知道甲、乙之间债的情况。问：甲可以行使撤销权吗？

《合同法》第 74 条规定：因债务人放弃其到期债权或者无偿转让财产，对债权人造成损害时，债权人可以请求人民法院撤销债务人的行为。债务人以明显不合理的低价转让财产，对债权人造成损害，并且受让人知道该情形的，债权人也可以请求人民法院撤销债务人的行为。该条款所规定的即是债权人的撤销权，所谓债权人的撤销权，是指当债务人放弃对第三人的债权、实施无偿或低价处分财产的行为而有害于债权人的债权时，债权人可以依法请求法院撤销债务人所实施的行为。

债权人撤销权的成立要件有以下两个：(1) 债务人实施了有害于债权人债权的行为。例如债务人放弃了债权、无偿转让财产。(2) 债务人处分财产的行为已经或将要严重损害债权人债权的实现。实践生活中，有的债务人为了赖账，谎称自己没有偿付能力，不行使自己对第三人的债权，或者将自己的财产无偿赠与他人的情形很多。债务人的这种赖账行为不仅违背了合同法的诚实信用原则，而且扰乱了社会经济秩序，极大地损害了债权人的利益。另外，债务人有时为了蒙蔽债权人，谎称自己有偿转让财产，但实际上以明显不合理的价格进行转让。这种情况下，只要具备上述两个要件，并且财产受让人也知道债务人的这种低价转让财产行为会损害债权人利益的，债权人就同样可以行使撤销权，从而主张债务人的低价转让财产行为无效。而且，债权人行使撤销权的必要费用，由债务人负担。为了保护债务人的正当处分行为，撤销权的行使范围以债权人的债权为限。在本案中，乙无偿将汽车赠与丙，对此，无论丙是否知情，甲都有权行使撤销权。但是如果乙以低于正常合理的价格将汽车卖给丙，则只有在丙知情的情况下，即主观上出于恶意的情况下，甲才可以行使撤销权。

债权人撤销权的行使必须依法定程序进行，即债权人必须向法院就撤销权的行使提起诉讼，请求法院撤销债务人的不当处分财产的行为。只有法院作出了撤销债务人行为的判决，才能发生撤销的效果。债权人的撤销权通常应在一定的期限内行使，该期限不像诉讼时效那样发生中止、中断和延长，超出该期限则撤销权消灭。对此，《合同法》第 75 条规定：撤销权自债权人知道或者应当知道撤销事由之日起 1 年内行使。自债务人的行为发生之日起 5 年内没有行使撤销权的，该撤销权消灭。

债务人的处分行为一旦被撤销，就对债权人、债务人、第三人均产生效力。对债务人而言，如果债务人与第三人订立了合同但尚未交付财产的，则该合同将因撤销而自始无效。如果债务人已经交付财产，则根据是有偿、无偿或低价处分，以及第三人是否善意等因素考虑是否撤销该行为并返还财产。对第三人而言，如果第三人已经占有债务人的财产，那么在原物能够返还的情况下，第三人必须返还其财产和收益；如果原物不能返还，则应折价赔偿。但是，如果第三人在取得财产时是善意，并且支付了一定的价款，那么债务人和第三人之间的民事行为就不应被撤销，而只能由债务人对债权人进行相应的赔偿。

41 如何提起撤销权诉讼？

根据《合同法解释（一）》的规定，债权人提起撤销权诉讼的，由被告住所地人民法院管辖。在撤销权诉讼中，债权人起诉时只以债务人为被告，未将受益人或者受让人列为第三人的，人民法院可以追加该受益人或者受让人为第三人。债权人行使撤销权所支付的律师代理费、差旅费等必要费用，由债务人负担；第三人有过错的，应当适当分担。

必须注意的是，撤销权的行使范围以债权人的债权为限。并且必须在一定期限内行使，《合同法》第 75 条规定，撤销权自债权人知道或者应当知道撤销事由之日起 1 年内行使。自债务人的行为发生之日起 5 年内没有行使撤销权的，该撤销权消灭。1 年适用于债权人知道撤销事由的情况，5 年适用于债权人不知道撤销事由的情况。上述期间均为除斥期间，不能缩短或延长。期间一旦届至，撤销权人就无权就债务人侵害其债权的行为请求法院撤销。

42 签订债权转让协议是否必须经过债权人的同意？

甲公司和乙公司订立买卖合同，甲公司先给付货物，乙尚未付款达 100 万元。后因甲公司尚欠丙公司 100 万元货款，甲公司与丙公司签订了书面协议，转让其对乙公司的 100 万元债权，但是未经过乙公司的同意，试问本案中甲公司与丙公司之间的债权转让协议有效吗？

债权人转让合同的权利，亦即债权让与，指的是合同的权利主体发生变化。债权让与发生法律效力必须具备以下要件：

（1）必须存在有效的债权。即该债权得到了法律的承认并受到法律的保护。但是这并不意味着该债权的债务人一定履行法定义务，只要债权人保证该债权确实有效存在，受让人认可并同意接受就可以了。

（2）被转让的债权具有可转让性。以下三类债权不得让与：①根据合同性质不能转让的合同债权。有以下三种：基于当事人之间的特别信任关系而产生的合同债权，如雇用、委托等合同关系中的债权，由于这类债权具有强烈的人身属性，因此不得让与；专为特定债权人的利益而创设的合同债权，如离退休金债权，因该债权只针对某特定人，因此不得让与；以特定身份为基础而产生的合同债权也不得让与。②当事人约定不得让与的合同债权。③依照法律规定不得让与的合同债权。如《担保法》第61条规定的，最高额抵押担保的主债权不得让与。

（3）让与人和受让人达成了债权让与协议。在债权让与的情况下，让与人与受让人之间一经达成协议，债权让与合同即生效，债权让与不以债务人的同意为要件。

（4）债权让与协议生效后，若要对债务人产生效力，则必须通知债务人，从而真正实现债权转让的目的。《合同法》第80条规定：债权人转让权利的，应当通知债务人。未经通知，该转让对债务人不发生效力。并且，债权人转让权利的通知不得撤销，但经受让人同意的除外。通知人为债权人。

可见，债权人转让合同权利时，并不需要经过债权人的同意，只要债权人与受让人之间达成协议即可，但是若要使该债权让与对债务人发生效力，则债权人必须通知债务人。债权让与后，合同的从权利也随之移转给受让人，但是专属于债权人自身的除外，受让人成为债权人，债务人接到债权转让通知后，债务人向其履行合同义务，债务人对让与人的抗辩，可以向受让人主张。因此，本案中甲公司与丙公司之间的债权转让协议当然有效，但是由于未通知乙公司，该协议对乙公司并不产生效力，当丙公司要求乙公司付款时，乙公司有权拒绝该要求。要使该债权转让协议实现合同目的，甲公司就应履行通知乙公司的义务。

43 签订债务转让协议时是否必须经过债权人的同意？

债务人将合同的义务转让给第三人，也即债务承担。要使债务承担有效成立，必须具备以下要件：

（1）存在有效的合同债务；（2）被移转的合同债务具有可移转性，《合同法》第 79 条列举了不能进行转让的债权种类，但是并没有规定不能移转的债务种类，实践中可以参照上述规定确定债务是否可以转移；（3）具备进行合同债务移转的法定原因并符合法定程序；（4）债权人同意。《合同法》第 84 条规定：债务人将合同的义务全部或者部分转移给第三人的，应当经债权人同意。这一点不同于债权让与。债权人的同意方式，明示、默示均可。具备上述四个条件的，合同义务转让即可发生全部的法律效力。

44 债务人可以部分履行或者提前履行债务吗？

原则上，债务人必须全面履行自己的债务，同时债权人也可以拒绝债务人部分履行债务的请求。但根据《合同法》第 73 条的规定，如果部分履行债务不损害债权人利益的，债务人可以部分履行债务。另外，债务人部分履行债务给债权人增加的费用，由债务人负担。

根据《合同法》第 71 条的规定，如果债务人提前履行债务损害了债权人的利益，债权人可以拒绝债务人提前履行债务；但如果债务人提前履行债务不损害债权人的利益，债权人不得拒绝债务人提前履行债务。如果债务人提前履行债务给债权人增加了费用，则增加的费用由债务人负担。

45 债权人分立、合并或者变更住所没有通知债务人致使履行债务发生困难的，债务人是否可以中止履行或者将标的物提存？

为了方便债务人履行债务，债权人在分立、合并或者变更住所时，应当及时通知债务人。根据《合同法》第 70 条的规定，债权人分立、合并或者变更住所没有通知债务人，致使履行债务发生困难的，债务人可以中止履行或者将标的物提存。债权人无正当理由拒绝债务人履行义务，债务人将履行标的物向有关部门提存的，应当认定债务已经履行，因提存所支出的费用，应当由债权人承担。提存期间，财产收益归债权人所有，风险责任由债权人承担。标的物不适于提存或者提存费用过高的，债务人依法可以拍卖或者变卖标的物，提存所得的价款。例如，水果、生猛海鲜等，就应当提存拍卖、变卖所得的价款。提存是债务人消灭债务的一项特殊制度，该制度的基本功能是保护债权人的利益。合同法对提存标的物的范围没有作出规定，但《提存公证规则》第 7 条规定，下列标的物可以提存：（1）货币；（2）有价证券、票据、提单、权利证书；（3）贵重物品；（4）担保物（金）或者替代物；（5）其他适宜提存的标的物。同时，根据《提存公证规则》，公证机关是我国的提存机关。

46 合同当事人约定由债务人向第三人履行债务的，如何确定违约责任？

根据《合同法》第64条的规定，当事人可以约定由债务人向第三人履行债务。债务人未向第三人履行债务或者履行债务不符合约定的，应当向债权人承担违约责任。

值得注意的是，当事人约定由债务人向第三人履行债务，不同于债权人将其债权转让给第三人的债权让与。在前者，第三人不是新债权人，而只是接受债务履行的人，因此，债务人因向第三人履行债务新增的费用仍由债权人承担，并且债务人履行债务不符约定的，仍应向债权人承担违约责任。在债权让与的情况下，第三人是新债权人，而不仅仅是接受债务履行的人，因而第三人要承受债权人相关的权利义务。

另外，《合同法》第65条规定，当事人约定由第三人向债权人履行债务，第三人不履行债务或者履行债务不符合约定的，债务人应当向债权人承担违约责任。

47 合同权利义务终止后，原合同当事人是否不需要再承担任何义务？

2002年6月，张先生看中了李先生的一套住房，双方达成协议，顺利完成了产权过户的手续。可是一个月后麻烦就一个接一个地出现了：张先生在交煤气费时，发现李先生拖欠煤气费87元，张先生以为是前业主一时忘记，没多想就帮其垫付了费用。但是随后发现这套房子的电费、水费及有线电视等费用均为拖欠，总计达到1047元之多。张先生找到李先生要求其支付所拖欠的款项。可出乎意料的是李先生坚决拒付这些

欠款，并提出现在房产已经归张先生了，因此这些费用都应该由现在的业主来支付。无奈之下，张先生将李先生告上法庭。那么，本案应该如何处理呢？

本案涉及合同履行过程中的后合同义务。我国《合同法》第92条对后合同义务进行了规定：“合同终止后，当事人应当遵循诚实信用的原则，根据交易习惯履行通知、协助、保密等义务。”后合同义务是与先合同义务相对而言的，它是指在合同的履行终止后，当事人依诚实信用原则应负有的某种作为或不作为义务。诚实信用原则是合同法确立的一项基本原则，它要求当事人在订立、履行合同以及合同终止后的全过程中，都要诚实，讲信用，相互协作，不得滥用权利，由此而派生了后合同义务。《合同法》第92条列举了通知、协助、保密三种后合同义务内容，但是后合同义务的完整内容不仅仅以这三种为限。通常，后合同义务的内容还应当包括注意义务、说明义务、照顾义务、忠实义务和减损义务等等。后合同义务的内容应当根据交易习惯确定，合同的具体内容不同，相应的后合同义务也不相同。（1）通知义务。通知义务又称告知义务，合同终止后，一方当事人应当在有条件的情况下及时将有关情况通知另一方当事人。例如：标的物提存后，除债权人下落不明的以外，债务人应当及时通知债权人或者债权人的继承人、监护人；房屋买卖合同履行完毕后，卖家应将房屋的有关重要事项及时告知买家等。（2）协助义务。合同终止后，当事人应当帮助、配合对方当事人处理合同终止后的善后事宜。例如，房地产买卖合同双方不仅在合同履行过程中需要互相协助对方，在房屋产权过户后，基于诚实信用原则的要求，也需要协助另一方当事人办理后续事宜；在一般的消费品买卖合同终止后，销售者还负有售后服务义务；供应的机械设备运行中出现技术问题，供货方应当给予买方技术支持、协助排除故障等。(3)保密义务。保密义务包括以下三方面：首先，合同终止后，合法接触、掌握、使用国家秘密的合同当事人，对于保密期内的国家秘密，无权向第三者泄漏。其次，合同终止后，当事人负有保守商业秘密的义务。再次，除了国家秘密和商业秘密，当事人在合同中约定保密的特定事项，合同终止后，当事人也不得泄漏。例如：劳动合同解除后，一方到另一与原单位业务相竞争的单位工作，不得擅自利用原单位的技术秘密；技术开发合同终止后，工程技术人员负有不得泄露公司开发新产品、新技术的秘密等。（4）减损义务。即合同法中的“防止损失扩大”，是指在合同终止后，由于主客观的原因而使一方遭受损失时，遭受损失的一方应采取必要的措施，以防止损失的扩大。在损失造成时，遭受损失的一方最有条件控制损失，如其听任损失的扩大，本来可以避免的损失就无法得到避免，这显然与诚实信用原则是不相符。因而，我国合同法规定，遭受损失的一方负有防止损失扩大的义务。

合同法虽规定了后合同义务，但对违反后合同义务的民事法律后果，却未做出具体的规定。按照学术界通说的观点，违反后合同义务仍然应当按照违约责任处理。对于后合同责任的承担方式，大体应有强制协助、继续履行、停止侵害和赔偿损失四种，在审判实践中其承担方式的具体适用应根据受损害方的要求和案件具体情况由法官自由裁量。其中，赔偿损失运用得较为广泛。

本案中，最后李先生从律师那里了解到自己是违反了“后合同义务”，同意庭外和解，并支付了之前所有拖欠的费用共 1134 元。本案给我们提了一个醒，房屋买卖过程中，卖方一定要妥善处理好下列事项后才算完全履行了合同义务，才能减少纷争的出现，这些事项包括：结清水表账单，告知电表状况、协助煤气过户、结清电话费、协助有线电视过户、迁移户口等。

48 当事人可以变更合同吗？

合同法的基本原则之一就是合同自由原则。当事人在不违反法律、法规、不损害社会公共利益和他人利益的前提下，经协商一致，就可以订立合同。当事人享有订立合同的自由，同样也享有变更合同的自由。因此，《合同法》第 77 条规定：当事人协商一致，可以变更合同。但法律、行政法规规定变更合同应当办理批准、登记等手续的，当事人应当依照规定办理批准、登记手续。如果涉及国家指令性计划的，应当报请下达该计划的双方上级主管机关批准。经过公证的合同，应当在原公证机关审查和备案，有担保单位的，应当通知保证单位，由其确定是否继续保证。

另外，根据《合同法》第 80 条的规定，当事人对合同变更的内容约定不明确的，视为未变更。

49 合同在哪些情况下终止？

合同是有期限的民事法律关系，不能永久存续。合同的终止，是指合同的债权债务关系归于消灭，合同关系客观上不复存在。根据《合同法》第 91 条的规定，合同在下列情形之一即告终止：（1）债务已经按照约定履行；（2）合同被解除；

（3）债务相互抵销；（4）债务人依法将标的物提存；（5）债权人免除债务；（6）债权债务同归于一人；（7）法律规定或者当事人约定终止的其他情况。

50 什么是合同的解除？哪些情况下当事人可以解除合同？

所谓合同的解除，是指合同有效成立后，因一方或双方的意思表示，使基于合同发生的债权债务关系归于消灭的行为。法律规定在以下几种情况下，当事人可以解除合同：

（1）当事人的约定。《合同法》第93条规定：当事人可以约定一方解除合同的条件，解除合同的条件成就时，解除权人可以解除合同。此为单方解除合同。当事人也可以经协商一致解除合同，此为协议解除合同。但当事人约定或协商解除合同时，必须是当事人双方协商一致，并且解除合同不损害国家利益。

（2）法律规定的情形。根据《合同法》第94条的规定，有下列情形之一的，当事人可以解除合同：①因不可抗力致使不能实现合同目的。所谓不可抗力，是指不能预见、不能避免、不能克服的客观事件。不可抗力既包括地震、火山爆发、水灾等自然事件，也包括战争、罢工等社会事件。“致使合同目的不能实现”是指由于一方不履行主要债务，剥夺了另一方或双方根据合同有权期待得到的利益。由于不可抗力完全改变了当事人订立合同时的客观环境，当事人继续履行合同已不可能，因此不可抗力成为合同解除的当然条件。因为不可抗力解除合同的，发生方可免除损害赔偿责任，但是应当及时通知对方不可抗力事实发生的事实。②在履行期限届满之前，当事人一方明确表示或者以自己的行为表明不履行主要债务的。此即为预期违约或先期违约制度，即指在期限届满之前或先于履行期之前一方违反合同的行为，在这种情况下，法律为了保护相对方的利益，赋予相对方享有解除合同的权利。③当事人一方迟延履行主要债务，经催告后在合理期限内仍未履行。在这种情况下，相对方解除合同必须催告迟延履行方，并给予其合理的宽限期。④当事人一方迟延履行债务或者有其他违约行为致使不能实现合同目的。在这种情况下，相对方解除合同不必催告迟延履行方。⑤法律规定的其他情形。

除上述情形外，合同不能随意解除，如当合同生效后，当事人不能因姓名、名称的变更或者法定代表人、负责人、承办人的变动而解除合同，不履行合同义务，不然是要承担违约责任的。

当事人单方解除合同或者行使法定解除权而主张解除合同的，应当通知对方。合同自通知到达对方时解除。对方有异议的，可以请求人民法院或者仲裁机构确认解除合同效力。法律、行政法规规定解除合同应当办理批准、登记等手续的，依照其规定。

51 关于合同解除有哪些特殊的法律规定？

根据合同法等法律的规定，以下合同中的当事人不需要对方有违约行为，即可行使解除权：赠与合同中的赠与人；不定期租赁合同中的合同当事人；承揽合同中的定作人；货运合同中的托运人；标的已公开的技术开发合同的当事人；委托合同的双方；担保合同中无保证期间的最高额保证人；保险合同的投保人；无合伙期限的合伙人。

以下合同中的一方当事人，当对方违约时享有法定的解除权：分期付款买受人未付款达总额15%以上时，出卖人有解除权；借款合同中借款人违反贷款用途时，贷款人有解除权；租赁合同中承租人擅自转租时，出租人有解除权；租赁合同中租赁物危及安全、健康时，承租人有解除权；承揽合同中承揽人擅自转包时，定作人有解除权；出版合同中图书脱销后出版者拒绝重印、再版时，版权人有解除权；

以下合同中的一方当事人，不得擅自解除合同：保险合同中的保险人；货运保险、运输工具航程保险，责任开始后，合同双方不得解除合同，等等。

52 如何解除合同？

享有法定或约定解除权的一方当事人主张解除合同，应当将解除合同的意思表示通知对方，合同自通知到达对方时解除。如果对方有异议的，可以请求人民法院或者仲裁机构确认合同效力。

合同解除的程序如下：（1）在符合法律规定的条件时才可以行使解除权。（2）行使法定解除权时应通知对方，通知到达对方当事人时生效。（3）解除权应在法律规定的期间内及时行使。《合同法》第95条规定：法律规定或者当事人约定解除权行使期限，期限届满当事人不行使的，该权利消灭。法律没有规定或者当事人没有约定解除权行使期限，经对方催告后在合理期限内不行使的，该权利消灭。这表明合同解除权不是无限期的，它必须在规定的或者合理的期限内行使，否则合同解除权归于消灭。（4）法律规定了特别程序的，应遵守该特别程序的规定。如合同的标的物为房产、车辆以及船舶时，履行该类合同应当办理法律规定的特别手续，同样，解除该类合同时也应去有关部门办理注销手续，从而达到终止合同效力的目的。

53 什么是履行迟延？有什么法律后果？

履行迟延是最常见的违约行为，是指债务人在履行期限到来时，能够履行而没有按期履行债务。其构成要件为：（1）债务人有有效债务存在；（2）债务人能够履行；（3）债务履行期已届满；（4）由于债务人的原因导致债务未能履行；（5）债务人迟延履行没有法律上的正当理由。

履行迟延的法律后果为：（1）债权人有权要求债务人继续履行；（2）债务人赔偿因迟延而给债权人造成的损失；（3）履行迟延后，如遇有不可抗力致使合同标的物毁损，债务人须承担标的物意外灭失的风险，不得以不可抗力为由主张免责；（4）当事人一方迟延履行其主要债务，经催告后在合理期限内仍未履行，或当事人一方迟延履行债务致使不能实现合同目的的，当事人可以解除合同并请求赔偿损失。

54 什么是受领迟延？受领迟延会产生什么法律后果？

受领迟延也是一种常见的违约情形，是指债权人对债务人的履行应当受领而不为受领。其构成要件为：（1）须有债权存在；（2）须债务人的履行要求债权人的协助；（3）须债务已届履行期且债务人已履行或提出履行；（4）债权人未受领给付，且迟延受领无正当理由。

在迟延受领的情况下，债权人应依法支付违约金，如因此给债务人造成损害，则应负损害赔偿责任。债务人得依法自行消灭其债务，如以提存的方式消灭债务。

55 债务抵销应当符合哪些条件？

李某经营一家小型加工厂。建厂之初，李某从杨某手中借款5000元，并在借款合同中约定2007年3月为还款日期。2004年7月，杨某因有急用向李某借款3000元，借款合同中约定2005年1月为还款日期。2005年1月还款期限已到，李某向杨某主张还款3000元时，杨某要求将这3000元与李某欠他的5000元相抵，还款2000元，李某因急需资金周转拒绝了此要求。请问这笔债务可以相抵吗？

这笔债务不能相抵。本案实际上是一个法律上的债务抵销问题。所谓债务抵销，是指债权的双方互负债务，依法各以其债务与对方债务相互冲抵的行为。债务抵销是债的消灭的一种方式，其特点在于发生债务抵销时，要同时引起两个债权关系的消灭（或两个债权的部分消灭）。在我国，债务抵销可以分为法定抵销和自愿抵销两种，上述案例显然不属于自愿抵销。对于法定抵销，可以由一方当事人决定和行使，即无须取得对方的同意就可以抵销，但必须满足一定的条件。《合同法》第99条规定："当事人互负到期债务，该债务的标的物种类、品质相同的，任何一方可以将自己的债务与对方的债务抵销，但依照法律规定或者按照合同性质不得抵销的除外。当事人主张抵销的，应当通知对方。通知自到达对方时生效。抵销不得附条件或者附期限。"可以看出，法定抵销应当具备四个条件：一是债权关系的双方当事人必须互负债务；二是双方互负的债务必须是属于同一种类的债务；三是双方所负的债务是可以抵销的债务；四是双方债务都已到履行期。上述四个条件必须同时具备，法定抵销才能产生。本案中，杨某与李某之间所负的债务满足前三个条件，但李某所欠杨某的5000元，双方已明确2007年3月为还款日期，2005年1月显然还不到履行期；而杨某所欠李某的3000元到2005年1月已到履行期，所以双方之间的互负债务不具备第四个条件，按照法律规定是不能抵销的。

二、违约责任

1 什么是违约责任？

违约责任简言之，就是指违反合同的民事责任，即合同当事人因违反合同义务而应承担的不利后果。违约责任的构成要件如下：

(1) 有违约行为存在。即合同当事人存在不履行或不完全履行合同义务的行为，违约行为的主体必须是合同关系的当事人。

(2) 产生了损害后果。一方面损害后果必须是实际发生的损害，尚未发生的损害不能赔偿；另一方面损害后果必须具有确定性，可以计算。损害包括直接损失和间接损失，直接损失是指违约行为造成对方当事人现有财产的损失，间接损失指违约行为导致对方当事人丧失了本应得到的利益。

(3) 违约行为和损害后果之间存在因果关系。所谓因果关系指违约行为与损害后果之间有实质性的牵连关系。

2 违约情形有哪几种？

《合同法》第 107 条规定，“当事人一方不履行合同义务或者履行合同义务不符合约定的，应当承担继续履行、采取补救措施或者赔偿损失等违约责任”。根据该条款，违约情形划分为两大类：第一类是不履行合同义务，第二类是履行合同义务不符合约定。

所谓不履行合同义务，又称毁约行为，指债务人拒绝履行任何合同义务。

所谓履行合同义务不符合约定，是指迟延履行合同义务、履行合同义务有瑕疵或者不完全履行合同义务的行为。其中，迟延履行合同义务，是指在合同规定的期限届满后，债务人无正当理由仍未履行合同债务。如果合同未对履行期限作出规定，那么债务人在债权人提出履行催告后仍未履行债务的，则构成了履行迟延。所谓履行合同义务有瑕疵，是指合同债务人所作履行不符合合同规定的质量标准。不完全履行合同义务主要指部分履行、履行方法不当、履行地点不当及其他违反合同义务的行为。

3 违约有哪些形式？各有什么区别？

依照合同法的规定，违约的表现形式有两种：预期违约和实际违约。预期违约又分为明示毁约和默示毁约。实际违约则是在履行期限到来后，一方违反合同义务，包括不能履行、履行迟延、不适当履行、其他不完全履行四种形式。

预期违约与实际违约的根本区别在于它们发生的时间的区别，预期违约行为表现为未来的合同履行期限届满前不履行合同义务。其所侵犯的是期待的债权而不是现实的债权，故在补救方式上也不同于实际违约，当事人在履行期限届满之前就可以要求违约方承担违约责任，而不必等到实际违约的时候。

4 实际违约有哪几种表现方式?

2002年3月26日，周女士与某小区开发商签订了商品房买卖合同，购买一套期房。该商品房买卖合同所附平面图标示周女士所购房屋在首层的位置，房屋门口为走廊。但2002年底开发商交房后，周女士发现她所购房屋门口不是走廊，而是正对着门厅和楼门，成为全楼居民进出的必经之地，生活噪音嘈杂不断，每天扰得她心烦意乱。为此，周女士将开发商告到人民法院，要求赔偿她因噪音造成的健康及精神损失共计12.6万元。

实际违约，即在履行期限届满之后实际发生的违约行为。具体形式包括：

（1）不履行。包括履行不能和拒绝履行。履行不能是指债务人在客观上已经没有履行能力。拒绝履行是指合同履行期到来之后，一方当事人能够履行而故意不履行合同规定的全部义务。

（2）迟延履行。迟延履行是指合同债务已经到期，合同当事人能够履行而未履行，包括债务人给付迟延和债权人受领迟延。

（3）不适当履行。不适当履行是指债务人虽然履行了债务，但其履行不符合合同的约定，包括瑕疵给付和加害给付。瑕疵给付是指交付的合同标的物的质量不合格，而加害给付是指一方给付的产品存有缺陷，并且因此造成了他人的人身和缺陷产品以外的其他财产的损害。

在上述案例中，开发商拒绝履行合同约定的义务，因而构成了实际违约。法院审理后认为，从商品房买卖合同所附平面图及另一栋楼标准层平面图来看，周女士所购房屋门前应为走廊，而开发商交付的房屋门前为门厅，开发商的行为已违反了合同约定，且其所交付房屋在首层的位置与周女士所受噪音之扰有因果关系。因此，开发商应当承担适当的违约责任。但周女士诉求明显过高，法院予以适当调整，最终判决开发商赔偿周女士2.5万元。

5 先期违约表现为何种形式？

船主甲与某公司乙签订了一个为期60天的船舶租赁合同。双方在合同中约定，甲将船舶开到大连港口，并在一定时间内装运乙方的一批货物。双方还约定一旦发生纠纷到某仲裁委员会仲裁。甲方的船舶抵达大连港口后，乙方因货源不足而拒绝提供货物装船，并明确表示将不履行合同义务。当时，装载期限尚未届满。那么，甲能否要求乙方承担违约责任呢？

能。本案涉及先期违约的表现形式。先期违约也称预期违约，包括明示毁约和默示毁约两种。所谓明示毁约，是指在合同履行期到来之前，一方当事人无正当理由而明确向另一方表示将不履行合同。所谓默示毁约，是指在履行期到来之前，一方当事人有证据证明另一方当事人在履行期到来时将不履行或不能履行合同，而另一方又不愿提供必要的履约担保的情形。预期违约，无论是明示还是默示，都是发生在合同约定的履行期限到来之前。

本案中，乙方因货源不足而拒绝提供货物装船，并非正当理由，后又在装运期限尚未届满前，明确表示不再履行合同义务，应视为明示的先期违约。依照《合同法》第108条的规定，当事人一方明确表示或者以自己的行为表明不履行合同义务的，对方可以在履行期限届满之前要求其承担违约责任，本案中乙方应当承担先期违约责任。

6 违反补充协议的规定构成违约吗?

2004 年 7 月，汪女士花了 200 多万元买下了北京某公司开发的某花园小区一期房屋。当时双方签订完购房协议后，还签了一份补充协议。协议中约定：小区一期建设完毕后，幼儿园于 2005 年 7 月开园，如因开发商原因没有按时开园，汪女士有权退房，开发商则退还汪女士已付房款及 10% 的违约金；如汪女士不退房，开发商则从违约之日起按日向其支付万分之二的违约金。之后汪女士顺利地住上了新房，但是到了 2006 年 2 月份，小区幼儿园始终没有开园。为此，汪女士起诉开发商，要求赔付违约金 2 万余元。开发商辩称，汪女士已经顺利入住，表明主合同已经顺利履行完毕，而补充协议的违反并不能表明违反了合同义务，且幼儿园工程已在 2004 年 12 月 31 日取得了竣工验收备案表，因此就能表明已投入使用，所以不同意支付违约金。那么，本案开发商是否构成违约呢?

违约就是指违反合同的约定的行为，补充协议也是合同内容的一部分，因此对补充协议的违反同样构成违约，从这一点讲，开发商违约是明显的事实。不过，本案中汪女士能够得到法院支持的关键在于这些约定在合同中都已确定下来了，有据可查，开发商无法赖账。因此，合同当事人对于一些比较关键的问题，一定要写进合同，以便于保护自己的权利。

本案的最终结果是：开发商的辩解没有得到法院的认可。法院调查后认为，汪女士所住小区幼儿园至今没有开园，开发商违约，但由于双方约定的违约金数额明显过高，法院调整后一审判决开发商支付给汪女士违约金 1 万元。

7 什么是根本违约？根本违约会面临什么法律后果？

2004 年 2 月，原告秦某与被告赵某签订了《房屋租赁合同》，约定秦某将两间店面出租给赵某，租期为 3 年，年租金为 16 万元。第一年租金于签订合同时一次付清，后两年租金于每年的 1 月初支付。合同还约定如赵某违约，秦某有权随时收回房屋。合同签订后，赵某支付了当年租金，并经秦某许可，对房屋进行装修，以开办一学习班用。2005 年 1 月初，赵某未按约定支付租金。2 月，原告书面通知被告要收回房屋，被告提出异议，双方产生矛盾。3 月底，赵某支付租金，秦某却拒收。赵某于是将 16 万元租金通过他人转交秦某，秦某依然拒收。4 月底，赵某将 16 万元租金存入原告的银行账户中。7 月初，秦某向法院提起诉讼，诉称赵未按合同要求期限支付租金，构成违约，请求解除《房屋租赁合同》，收回房屋。那么，法院会支持秦某的诉讼主张吗？

本案涉及合同违约中的根本违约问题。在现实生活中，违约行为所造成的后果并不一样，有的违约行为造成的后果不严重，可以采取事后补救的方式加以解决，而有的违约行为则直接导致对方当事人的利益被根本剥夺。对于后一种违约行为，通常称为根本违约。根本违约属于违约行为的一种，只不过其后果最为严重，所以，法律对于根本违约行为的后果予以了特别规定。根本违约与非根本违约是从违约所造成的后果上进行区分的，无论是迟延履行还是不完全履行都有可能构成根本违约，但要根据具体情况进行具体分析。迟延履行并非必然发生根本违约，但如果合同对履行期有明确的约定，而且履行期对于接受履行的一方而言具有重要的意义，则迟延履行通常会构成根本违约。例如，季节性的商品交货时间就非常关键。对于并非特别强调履行期的合同，在迟延履行的情况下，如果迟延的一方当事人在允许延长期限届满后仍然不能完全履行合同，一般认为也构成根本违约。

在不完全履行的情况下，是否构成根本违约需要根据不适当履行造成的后果究竟有多严重来判断，不可一概而论。一般而言，只有在对于合同主要债务的不适当履行导致债权人的主要期望落空的时候，才可以认为构成根本违约。例如，卖方提供的是与合同约定质量相去甚远的货物，或者买方支付的货款远远低于合同约定的价款等。

一旦构成根本违约，在法律上最主要的法律效果在于债权人可以解除合同。根据《合同法》第 94 条的规定，在履行期限届满之前，出现了当事人一方明确表示或者以自己的行为表明不履行主要债务；当事人一方迟延履行主要债务，经催告后在合理期限内仍未履行；当事人一方迟延履行债务或者有其他违约行为致使不能实现合同目的的情况，就允许解除合同。这些情形的共同特点都在于违约所造成的结果严重，使合同目的落空，也就是说，都属于根本违约。

而本案中，被告赵某在履行合同过程中，有逾期履行支付租金的违约行为，但没有出现根本性违约；被告已将租金存入原告银行账户，也没有对原告的合法权益造成损害。被告虽未按约定履行义务，但尚在法律规定允许的范围以内，并不构成根本违约，因此，法院最后驳回了原告的诉讼请求，同时判令被告按约定支付违约金。

8 在何种情形下不能要求违约方继续履行合同？

请求违约方继续履行合同为强制履行，即违约方不履行合同时，另一方有权请求法院强制违约方按合同规定履行义务。一般认为，合同的一方当事人违约之后，原则上对方当事人可以请求违约方履行合同，法院可以判决强制违约方履行合同。但是强制履行合同也存在例外情形，依据《合同法》第 110 条的规定，另一方不履行非金钱债务或者履行非金钱债务不符合约定的，对方可以要求履行，但有下列情形之一的除外：

（1）法律上或者事实上不能履行，法律上不能履行是指依照法律规定，违约方不能再继续履行合同义务。例如国家通过新的法律规定，将买卖合同的标的物规定为限制流通或禁止流通物。这样，卖方违约后买方也无法请求卖方将标的物交付给自己。事实上不能履行是指在客观上违约方已无能力履行，如在特种物买卖合同中，由于约定的特定物灭失就不能再请求违约方继续履行合同。

（2）债务的标的不适于强制履行或者履行费用过高。债务的标的不适于强制履行主要是指强制履行违背合同本身的性质。如对于基于人身依赖关系产生的合同和提供个人服务的合同不得实行强制履行。因为如果强制履行该种合同，意味着强制违约人提供一定的劳务，强迫劳动严重侵犯了人身自由。因此，法院不能强制演员登台演出、强制某教师为他人上课。况且对于这些类型的合同，由法院来实施强制履行也不会达到预想的效果。对于这些合同，可以采取要求债务人赔偿损失或支付违约金办法加以补救。债务强制履行费用过高，主要是对于某些类型的合同，如果由法院来强制履行，法院可能需要支付大量的人力与物力监督债务人履行合同。例如对于建筑工程合同，如果由法院来强制建筑工程公司履行合同，法院需要自行或者安排专门人手负责监督施工，所需费用庞大而且效果不佳。因此，此类合同也不适合强制履行。

(3) 债权人在合理期限内未要求履行。要求强制履行是债权人的一种权利，债权人可以行使也可以不行使。但是法院只有依据债权人的请求才能强制债务人履行合同，也就是说，强制履行的选择权在债权人，要求强制履行必须是受害人请求违约方继续履行合同债务。如果债权人没有请求债务人继续履行债务，法院无法判决债务人履行债务，而只能采取其他的例如损害赔偿等违约补救方式。

9 由于第三人的原因造成合同不能履行，应由谁承担违约责任？

乙、丙签订了一份运输合同，要求乙将价值100万元的药品运往丙公司。因乙的车辆当天全部外出，乙遂委托某个体运输户张某代运，并约定了运价。由于当天下大雨，张某不能按时运到，就宿于某旅馆。旅馆有车库，但张某为省钱，将车停在河堤旁。当晚山洪暴发，冲倒车辆，致使药品损失大半，对此损失应当由谁赔偿呢？

在债务转让的情况下，当债务人将合同的义务全部或部分转移给第三人的，应当经债权人同意。《合同法》第121条规定：当事人一方因第三人的原因造成违约的，应当向对方承担违约责任。当事人一方和第三人之间的纠纷，依照法律规定或者按照约定解决。在本案中，乙丙为运输合同的当事人，乙运输公司才是合同约定的承运人，虽然乙又委托张某承担运输事宜，但是由于未经丙的同意，因此不成立债务转让，仍应当由乙承担运输合同约定的义务。另根据《合同法》的规定：承运人对运输过程中货物的毁损、灭失承担损害赔偿责任，但承运人证明货物的毁损、灭失是因不可抗力、货物本身的自然性质或者合理损耗以及托运人、收货人的过错造成的，不承担损害赔偿责任。因此，本案中乙运输公司应对运送过程中造成的货物的灭失负赔偿责任。

10 违约损害赔偿的数额如何确定？

钱系某私营企业老板。2004 年 6 月 4 日早晨 7 点半，钱某上街后对招手停下来的出租车司机王某说：“我欲去某宾馆，必须 8 点半以前赶到，否则我将损失 10 万元。”司机王某说：“时间没问题，你放心吧！”后因王绕道加油耽误了时间又遇上班高峰期堵车，上午 9 点钟才将钱送到指定地点，钱签约未成而向王某起诉要求赔偿 10 万元。经查，王某为个体司机，钱某签约不成，造成利润损失 10 万元属实。那么，对于本案，司机王某的违约损害赔偿数额该如何确定呢？

《合同法》第 113 条规定，当事人一方不履行合同义务或者履行合同义务不符合约定，给对方造成损失的，损失赔偿额应当相当于因违约所造成的损失，包括合同履行后可获得的利益，但不得超过违反合同一方订立合同时预见到或者应当预见到的因违反合同可能造成的损失。可见，违约损害赔偿采取全部赔偿的原则，即违约行为实际造成损失多少就应当赔偿多少。全部赔偿原则能够保证守约的一方不会因他人的违约行为而受损失。但如何在实际案例中确定损害赔偿的范围的确是非常复杂的事情，对于违约究竟引发了多少损失，当事人往往难以取得一致。为了平衡当事人的利益，避免违约方承担过于沉重的责任，合同法对损害赔偿的具体范围作出了一定的限制，即违约损害赔偿额不得超过违约方在订立合同时，依当时已经知道或应当知道的情况所能预计到的违反合同可能造成的损失。如果损害不可预见，违约方即不负责赔偿。并且预见损失的时间为订立合同之时，而不是违约之时。在本案中，尽管该损失为间接损失，但是由于钱某已经事先告知王某，因此属于王某可预见的范围，因此对钱某的10万元损失王某应当赔偿。另外需要注意的是，在我国一般认为违约责任为严格责任，当事人只要违约就应当承担违约赔偿责任，一般不考虑违约人主观上的过错。

11 什么是违约金？法律对于违约金的数额有何规定？

违约金是指当事人在合同中约定，在当事人一方违反合同时，支付给对方当事人一定数量的货币。违约金的数额由合同双方当事人在合同中事先约定，如果双方当事人依约履行合同，双方均无违约行为，则违约金条款自动失效，如果一方当事人违约，则依据该条款承担责任。但是，这并不意味着当事人可以随意约定违约金的数额，对于不公正的违约金条款，我国合同法适用国家干预原则，可由司法审判人员适当减少数额，甚至宣布该条款无效。《合同法》第114条第2款规定：约定的违约金低于造成的损失的，当事人可以请求人民法院或者仲裁机构予以增加；约定的违约金过分高于造成的损失的，当事人可以请求人民法院或者仲裁机构予以适当减少。从上述规定可以看出，约定的违约金无须过分低于实际造成的损失，当事人即可要求追加，这体现了赔偿实际损失的原则；如果约定的违约金“过分”高于违约造成的损失，当事人可以要求“适当”减少。

12 约定的违约金与实际损失不符的，如何处理？

根据《合同法》第 114 条之规定，当事人可以约定一方违约时应当根据违约情况向对方支付一定数额的违约金，也可以约定因违约产生的损失赔偿额的计算方法。这是契约自由原则在违约责任领域的具体体现。

为充分保护守约方的利益，如果约定的违约金低于造成的损失的，当事人可以请求人民法院或者仲裁机构予以增加；为贯彻公平原则，适度保护违约方的正当权益，约定的违约金过分高于造成的损失的，当事人可以请求人民法院或者仲裁机构予以适当减少。这些规则与实际损失赔偿原则都是一脉相承的。

应当指出的是，支付违约金只是违约方对守约方承担违约责任的内容之一，不能代替其他的违约责任形式。因此，《合同法》第 114 条第 3 款规定，当事人就迟延履行约定违约金的，违约方支付违约金后，还应当履行债务。

13 什么是定金？在什么情形下可以适用定金罚则？

所谓定金，是指合同一方当事人为了担保其债务的履行，而向对方给付的一定金钱或其他替代物。根据《担保法》第 89 条和《合同法》第 115 条之规定，当事人可以约定一方向对方给付定金作为债权的担保。债务人履行债务后，定金应当抵作价款或者收回。给付定金的一方不履行约定的债务的，无权要求返还定金；收受定金的一方不履行约定的债务的，应当双倍返还定金。

定金依据其担保目的不同，可以区分为立约定金、成约定金、证约定金、解约定金和违约定金。合同法、担保法及相关司法解释对定金作出了明确规定。以担保合同的履行而支付的定金为违约定金。违约定金是为了督促当事人履行债务而设定的，违约定金是日常生活中最为常见的定金类型。

定金最大的特色在于定金适用定金罚则。所谓的定金罚则，就是指给付定金的一方违反约定的，无权要求返还定金；收受定金的一方违反约定的，应当双倍返还定金。定金与预付款的本质区别就在于此。预付款的支付方如果发生违约，或者接受预付款的一方发生违约，不存在罚则的问题。

14 定金和订金是一回事吗？

“订金”与“定金”虽一字之差，意思却大相径庭。以常见的购房订金为例，买房时往往都会和开发商先签订《认购协议书》，在认购协议中，开发商一般要求购房人先付订金，约定好所选房号、面积、房屋单价及总价款，并约定一个期限，买方须在此期限内与卖方签署正式合同。买方支付订金即取得了在此期限内的优先购买权，在约定的时间内，卖方不得再将该房屋出售给其他人。可见订金一般是起保留签订合同的资格的作用，即订约保证金，并不涉及违约责任的问题。

定金由特殊的定金罚则来担保合同的履行，我国法律规定，合同中定金的约定必须是明确的，不管是哪一种定金类型，当事人都必须明确表明“定金”字样或明确定金的性质，否则不作定金对待。当事人交付留置金、担保金、保证金、订约金、押金、预付款或者订金等，但没有明确约定定金性质的，不能认为构成定金，不能适用法律有关定金的规定。要想适用定金罚则，合同中必须明确写明“定金”字样；或者没有写明“定金”字样，但约定了定金罚则（即有诸如“一方违约则定金没收或者双倍返还”等字样）。当事人在适用时要注意所签协议中约定的究竟是“订金”还是“定金”，要是拿不准，一定要在签订之前和对方当事人核实是否属于定金性质，以免利益受到损失。

最高人民法院《关于审理商品房买卖合同纠纷案件适用法律若干问题的解释》第 4 条规定：出卖人通过认购、订购、预订等方式向买受人收受定金作为订立商品房买卖合同担保的，如果因当事人一方原因未能订立商品房买卖合同，应当按照法律关于定金的规定处理；因不可归责于当事人双方的事由，导致商品房买卖合同未能订立的，出卖人应当将定金返还买受人。依据上述规定，如果《认购协议书》中约定了定金，等到消费者与开发商签订《商品房买卖合同》后，该定金可以抵作购房款；但如果事后没有能够签订《商品房买卖合同》，定金能否返还，应该区分不同情况，不能一概而论：如果是由于消费者有过错不能签订合同，比如消费者无正当理由反悔，不想购买所认购的商品房，此时依据法律规定，消费者无权要求返还定金；如果是由于开发商过错不能签订合同，定金应该双倍返还消费者；如果是双方都没有过错的情况致使合同不能签订，开发商应该将定金返还消费者。

15 当事人在合同中约定交付定金合同才生效，但是一方始终未交付定金，在这种情况下合同还会生效吗？

根据我国担保法的相关规定，定金合同相对于它所担保的债权合同来说是从合同。所以，主合同没有成立，定金合同必然不成立；主合同无效或被撤销，定金合同也随之无效；主合同因解除或其他原因消灭时，定金合同随之消灭。反之则不然，定金合同的效力并不能决定主合同的效力，因为从合同的效力依附于主合同。最高人民法院《关于适用〈中华人民共和国担保法〉若干问题的解释》（下称《担保法解释》）第116条规定："当事人约定以交付定金作为主合同成立或者生效要件的，给付定金的一方未支付定金，但主合同已经履行或者已经履行主要部分的，不影响主合同的成立或者生效。"据此，当事人尽管在合同中约定以交付定金作为主合同成立或者生效要件，而定金实际上并未给付，但只要主合同已经履行或者已经履行了主要部分，就不能影响主合同的成立与生效。

《担保法》第90条规定，定金合同从实际交付定金之日起生效。所以如果合同双方当事人签订了定金合同而未实际给付定金，定金合同并未生效。《担保法》第91条还对定金的最高数额作出了限制，即"定金的数额由当事人约定，但不得超过主合同标的额的20%。"如果定金数额超过法定限额的，其超过部分无效。

16 定金与预付款有什么区别？

定金与预付款都是合同一方当事人在另一方当事人履行合

同债务之前向对方给付的一定数额。但二者区别甚大，不容混淆。

（1）定金合同是从合同，而预付款的约定则是主合同的一部分。

（2）定金的主要功能在于担保合同的履行，定金的给付并不是履行债务的行为；而预付款的主要功能在于为一方当事人履行合同债务提供资金上的一定帮助，预付款的给付本身构成了履行债务的行为。

（3）当合同陷入履行不能或者履行迟延时，定金发挥着制裁违约方、补偿守约方的双重功能。即定金给付方违约时，无权要求返还定金。定金收受方违约时，应双倍返还定金。而在支付预付款的情况下，无论是由于给付方违约，还是收受方违约而解除合同时，收受方均应如数退还预付款。

（4）定金可以广泛地适用于各类合同，而预付款的适用则存在不少法律限制。

17 定金和违约金可否同时适用？

甲与乙订立了一份小麦购销合同，约定：甲向乙交付10万公斤小麦，货款为15万元，乙向甲支付定金4万元；如任何一方不履行合同应支付违约金5万元。后来，因甲将小麦卖与丙而无法向乙交付小麦，那么这时乙如何要求甲承担责任才最有利于自己呢？

《合同法》第116条规定：当事人既约定违约金，有约定定金的，一方违约时，双方可以选择适用违约金或者定金条款。可见，违约金和定金罚则不能同时适用，那么当事人如何选择才最有利于自己呢？我们可以做一个比较：如果乙要求甲双倍返还定金，则乙可得：4×2=8万元；如果乙选择适用违约金，则乙可得违约金5万元，另可要求甲返还4万元，共得到9万元。因此，本案中，乙主张甲承担违约金责任比较有利于自己。

18 在合同履行过程中，哪些情形下可以免除违约责任？

《合同法》第107条规定："当事人一方不履行合同义务或者履行合同义务不符合约定的，应当承担继续履行、采取补救措施或者赔偿损失等违约责任。"一般认为，我国违约责任为严格责任，就是不管违约人主观上是否存在过错，只要不履行合同义务或者履行合同义务不符合约定就应当承担违约责任。也就是说，合同法在确定违约责任时并不考虑过错因素，在发生违约的情况下，只要不属于法定或约定免责的情形，违约这一事实本身即意味着违约者应承担违约责任。

严格责任虽然严格，但并非绝对。绝对责任是指债务人对其债务应绝对地负责，而不管其不履行债务是否是因为其自身的过错。在严格责任下，一般而言只要债务人有违约的行为就应当承担违约责任。但是这并非没有例外，法律同样也规定了免责事由。法律规定的免责事由主要是不可抗力。因为不可抗力导致债务人不能履行债务，债务人可以不承担违约责任。不可抗力作为法定的免责事由，是指"不能预见、不能避免并不能克服的客观情况"，通常包括自然灾害、战争、国家行为等。当然，根据我国合同法的规定，当事人因不可抗力不能履行合同的，应当及时通知对方，以减轻可能给对方造成的损失，并应在合理期限内提供证明。

此外，依据“私法自治”的原则，如果当事人在合同中约定免责条款，当符合该条款规定的条件时，当事人也可以免除违约责任。但合同法对免责条款作出了必要的限制：第一，免责条款不得排斥法律的强制性规范的适用，否则该免责条款无效；第二，免责条款不得排除给对方造成人身伤害的民事责任；第三，免责条款不得排除故意或者重大过失给对方造成财产损失的民事责任。除此之外，一般而言，当事人可以自由约定免责条款。

19 违反合同要承担刑事责任吗？

一般而言，违反合同是民事问题，只承担民事责任，不承担刑事责任。但是如果违反合同的情节特别严重，事情的性质就有可能发生质的变化，有可能变成刑事案件。在这种情况下，违反合同的当事人就要承担刑事责任了。其中最有可能触犯的罪名是合同诈骗罪。《刑法》第224条规定了合同诈骗罪：有下列情形之一，以非法占有为目的，在签订、履行合同过程中，骗取对方当事人财物，数额较大的，处三年以下有期徒刑或者拘役，并处或者单处罚金；数额巨大或者有其他严重情节的，处三年以上十年以下有期徒刑，并处罚金；数额特别巨大或者有其他特别严重情节的，处10年以上有期徒刑或者无期徒刑，并处罚金或者没收财产：（1）以虚构的单位或者冒用他人名义签订合同的；（2）以伪造、变造、作废的票据或者其他虚假的产权证明做担保的；（3）没有实际履行能力，以先履行小额合同或者部分履行合同的方法，诱骗对方当事人继续签订和履行合同；（4）收受对方当事人给付的货物、货款、预付款或者担保财产后逃匿的；（5）以其他方法骗取对方当事人财物的。

此外，在签订和履行合同过程中，有可能触犯的罪名还有诈骗罪，非法经营罪，挪用资金罪，挪用公款罪，国家机关工作人员签订、履行合同失职罪，签订、履行合同失职被骗罪等。

20 当事人一方违约后，守约一方有义务防止损失进一步扩大吗？

我国《合同法》第119条明确规定：“当事人一方违约后，对方应当采取适当措施防止损失的扩大；没有采取适当措施致使损失扩大的，不得就扩大的损失要求赔偿。当事人因防止损失扩大支出的合理费用，由违约方承担。”可见，虽然违约方应当赔偿违约给守约方造成的损失，但是面对违约行为引起的损害，守约的一方并非可以听之任之。相反，法律要求守约的一方应当采取措施减轻违约行为造成的后果，尽量减少损害。在损害发生后，受害人应当采取合理措施减轻损害而未采取，该损害扩大的后果应当由守约方承担。所谓合理措施，应当根据具体案情加以判断。通常认为，受害人根据当时的环境，尽自己的努力实施了一般人认为可能防止损害扩大的有效措施即可。换句话说，受害人不能放任损害的发生，听之任之，而应有所作为。但如果受害人采取了合理措施，不过最后未能阻止损害的扩大，也应认为受害人尽到了减损义务。同时受害人虽然应当减轻损失，但如果减损措施将严重损害其自身利益，或有悖于商业道德，或所支付的代价过高，则受害人可不采取此种措施。此时不得主张受害人应当自行承担扩大的损失。

21 在违约责任和侵权责任发生“责任竞合”时，该如何处理？

甲、乙为朋友，乙到甲家聚会时，甲去商场购回丁啤酒厂生产的某品牌啤酒数瓶招待乙。二人打开一瓶时，酒瓶突然爆炸，炸伤甲、乙。问：本案中甲、乙可以既向商场索赔又向啤酒厂索赔吗？

本案涉及“责任竞合”问题。“责任竞合”是指由于一个行为符合两个或两个以上的责任构成要件，而各责任之间既不能并存也不能相互吸收，只能选择其一适用。违约责任与侵权责任竞合就是其中之一。我国《合同法》第 122 条规定：因当事人一方的违约行为，侵害对方人身、财产权益的，受害方有权选择依照本法要求其承担违约责任或依照其他法律要求其承担侵权责任。也即若被告的行为同时构成违反合同和民事侵害，原告可以选择两者之中有利于自己的一种诉因提起诉讼，当事人不同的选择会导致不同的法律后果，从而影响到权利人的利益，因此必须慎重选择。如提起违约之诉，根据最高人民法院《关于确定民事侵权精神损害赔偿责任若干问题的解释》的规定，是不能要求精神损害赔偿的。因此，对于因产品缺陷导致人身伤害或者具有人格象征意义的特定纪念物品永久性灭失或毁损时，若当事人主张精神损害赔偿的，应提起侵权之诉。但当事人不得就同一法律事实或法律行为分别以不同的诉因提起诉讼，要求被告承担两种责任。不过，原告在一审开庭前还有变更诉讼请求的机会。

像上述案例，如果依据《产品质量法》提起侵权之诉，则甲、乙为原告，生产者丁啤酒厂和销售者商场任何一个均可作为被告，也可作为共同被告。如果依据合同法提起违约之诉，则买卖合同的当事人买方——甲为原告，卖方——商场为被告。

当然被告并非最终的责任承担者，如果原告将生产者、销售者列为共同被告，那么二者承担连带责任。承担连带责任后，如果产品缺陷是由生产者的过错造成的，则销售者承担责任后有权向其追偿；相反，缺陷因销售者过错造成，生产者承担责任后可向销售者追偿；如果销售者不能指明缺陷产品的生产者、供货者的，由销售者承担最终责任。如果缺陷既非生产者又非销售者过错，而是由于仓储者、运输者等第三人原因所致，那么承担责任的生产者、销售者可向后者追偿。

三、常见的合同争议

1 汽车买卖没有办理过户手续，该买卖合同有效吗？

王某将自己的一辆出租车转卖给秦某，双方签订了合同，也支付了价款，秦某也将出租车开回了自己家中。在约定的日子去办理过户手续时，由于秦某有事不能前往，这事就耽搁了几天。说来也巧，就在约定的日子的第二天秦某开车发生了一起交通事故，秦某将李某撞成了轻伤，后来两人因为赔偿数额分歧太大，李某将秦某告上了法庭。在审理过程中，法庭查明该辆出租车尚未办理过户手续，户主仍为王某。那么，本案中的汽车买卖合同有效吗？该起交通事故的责任该如何承担？

本案当事人争执的焦点是买卖合同是否依法成立。秦某认为他与王某之间买卖合同的标的物是汽车，根据我国法律规定，汽车买卖必须进行产权变更登记，当事人没有就该汽车办理登记，因此，合同没有成立，应当由车主王某承担该起交通事故的主要赔偿责任。秦某的观点混淆了合同成立与合同生效及产权变动这三个概念，是一种错误的认识。合同的成立是指当事人双方依法经过要约和承诺，在相互之间发生合同关系；合同生效是指已具备了成立要件的合同发生法律效力对当事人双方发生法律上的拘束力；产权变动则是指合同标的物的所有权依法由一方转移至对方。办理产权变更登记是汽车产权转移的法定条件，不是汽车买卖合同成立的条件，即使没有登记，当事人只要就汽车买卖达成合意且符合法律规定的要件，买卖合同就当然成立并且有法律拘束力。《合同法解释（一）》第9条规定，法律、行政法规规定合同应当办理批准手续，或者办理批准、登记等手续才生效，在一审法庭辩论终结前当事人仍未办理批准手续的，或者仍未办理批准、登记等手续的，人民法院应当认定该合同未生效；法律、行政法规规定合同应当办理登记手续，但未规定登记后生效的，当事人未办理登记手续不影响合同的效力，合同标的物所有权及其他物权不能转移。汽车买卖合同属于前述司法解释规定的第二种情况，即未办理登记手续不影响合同的效力，但是标的物的所有权不能转移。具体到本案中，王某应当配合秦某完成车辆的变更登记手续，在交通事故的处理上，由于秦某造成了交通事故，是侵权人，当然应当承担赔偿责任。但是由于王某未及时将车辆变更登记，存在一定的过错。因此，对于该起交通事故，王某应当和秦某负连带赔偿责任。

2 在商品房买卖过程中，在何种情形下买房人可以向房产商主张惩罚性赔偿责任？

在商品房买卖过程中，买房人主张的惩罚性赔偿责任是指房产商向买受人支付两倍的购房款及利息和损失的责任。根据最高人民法院《关于审理商品房买卖合同纠纷案件适用法律若干问题的解释》的规定，在以下情形下买房人可以向房产商主张惩罚性的赔偿责任：（1）商品房买卖合同订立后，出卖人未告知买受人又将该房屋抵押给第三人。（2）商品房买卖合同订立后，出卖人又将该房屋出卖给第三人。（3）故意隐瞒没有取得商品房预售许可证明的事实或者提供虚假商品房预售许可证明。（4）故意隐瞒所售房屋已经抵押的事实。（5）故意隐瞒所售房屋已经出卖给第三人或者为拆迁补偿安置房屋的事实。

此外，在房屋面积缩水的情况下，买受人可以向开发商主张双倍返还面积误差比超过3%部分的房价款的赔偿责任。具体规定是：出卖人交付使用的房屋套内建筑面积或者建筑面积与商品房买卖合同约定面积不符，合同有约定的，按照约定处理；合同没有约定或者约定不明确的，按照以下原则处理：（1）面积误差比绝对值在3%以内（含3%），按照合同约定的价格据实结算，买受人请求解除合同的，不予支持；（2）面积误差比绝对值超出3%，买受人请求解除合同、返还已付购房款及利息的，应予支持。买受人同意继续履行合同，房屋实际面积大于合同约定面积的，面积误差比在3%以内（含3%）部分的房价款由买受人按照约定的价格补足，面积误差比超出3%部分的房价款由出卖人承担，所有权归买受人；房屋实际面积小于合同约定面积的，面积误差比在3%以内（含3%）部分的房价款及利息由出卖人返还买受人，面积误差比超过3%部分的房价款由出卖人双倍返还买受人。

3 开发商延期交房应当承担什么违约赔偿责任？

商品房买卖合同中，房地产开发商应当按照合同约定按期交房，但是由于种种原因可能会出现延期交房的情况。根据合同法和最高人民法院《关于审理商品房买卖合同纠纷案件适用法律若干问题的解释》的规定，在延期交房的情况下，开发商应当承担以下责任：

(1) 买受人在开发商根本违约的情况下，可以解除合同。《合同法》第 94 条规定，当事人一方迟延履行主要债务，只有在经催告后在合理期限内仍未履行，对方当事人才可以解除合同。因此，开发商延期交房后，买受人应当先催告，只有在催告之后又过合理期限，买受人才可以解除合同。根据最高人民法院《关于审理商品房买卖合同纠纷案件适用法律若干问题的解释》第 15 条第 1 款的规定，出卖人迟延交付房屋，经催告后在 3 个月的合理期限内仍未履行，当事人一方请求解除合同的，应予支持，但当事人另有约定的除外。在行使解除权时须注意期限，法律没有规定或者当事人没有约定，经对方当事人催告后，解除权行使的合理期限为三个月。对方当事人没有催告的，解除权应当在解除权发生之日起一年内行使；逾期不行使的，解除权消灭。

(2) 买受人可以要求开发商赔偿损失。《合同法》第 113 条规定，当事人一方不履行合同义务或者履行合同义务不符合约定，给对方造成损失的，损失赔偿额应当相当于因违约所造成的损失，包括合同履行后可以获得的利益，但不得超过违反合同一方订立合同时预见到或者应当预见到的因违反合同可能造成的损失。在延期交房的情况下，买受人的损失可以用房屋的租金来衡量。租金标准可以参照有关机构评定的房屋租金水平确定。

(3) 在约定了违约金的情形下，买受人可以要求开发商支付约定的违约金。不过，如果违约金与实际损失相比过高或者过低，根据当事人的申请，法院或者仲裁机构可以进行调整。如果违约金低于损失，买受人可以要求补足损失。

4 买卖合同中如何确定标的物风险的转移？

2003年，私营船主丁某因急需用钱，欲出卖自己所有的运营船只。后经人介绍与曾某签订了船只买卖合同，合同约定，船只应达到适航标准，无机损及其他故障，价格6万元，船只交付后，丁某应尽快办理船只过户登记。8月中旬，丁某交付了船只，曾某交付了钱款，后曾某立即将船只投入使用。当时正值汛期，中旬以后，江水水位暴涨。某日清晨，曾某依往日习惯察看船只，发现因前夜风大浪急，船只被掀翻，船身与堤坝相撞，船身被部分毁损。于是曾某找到丁某，要求退还部分价金，理由是船只未办理过户登记，丁某仍须对船只负责。丁某不同意曾某的观点，但不知该如何反驳，那么，曾某的观点正确吗？

本案涉及买卖合同中标的物风险转移的问题。俗话说："天有不测风云"，在买卖过程中，标的物也随时存在着毁损、灭失的风险，谁来承担这一损害后果呢？《合同法》第142条规定，标的物毁损、灭失的风险，在标的物交付之前由出卖人承担，交付之后由买受人承担，但法律另有规定或者当事人另有约定的除外。可见，原则上买卖合同标的物风险采"交付主义"，即交付之前由出卖人承担，交付之后由买受人承担。本案中，由于船只买卖必须办理产权变更登记手续才发生所有权的转移，因此，该船仍为丁某所有。但是由于出卖人丁某已先行交付了标的物船只，并收取了价款，买受人曾某虽没有取得船只的所有权，但实际上已经对船只进行了占有、使用并获取了相应的利益，双方当事人关于船只的风险负担并没有其他约定，因此，依交付主义原则，曾某从接受丁某船只之日起就应当负担风险，就船只的损失理应自担责任，不能因为所有权未转移而主张由出卖人负担风险，其要求退还部分价金的要求没有法律依据。

生活中买卖合同的形式多种多样，一般而言，可依下列方式确定标的物的风险负担：送货上门的，在途风险由出卖人承担；自提货物的，回途风险由买受人承担；代办托运、邮寄的，办完托运、邮寄手续后由买受人承担。

5 在途标的物的风险负担该如何确定？

甲、乙订立一运输合同，委托乙将一批货物从大连港运往广州黄浦港。乙于8月1日启运。8月3日，甲、丙订立该批货物的买卖合同。8月4日，乙船行至广东海域遭强风暴袭击而沉，货物全损。那么，该批货物的风险该由谁来承担呢？

《合同法》第144条规定：出卖人出卖交由承运人运输的在途标的物，除当事人另有约定的以外，毁损灭失的风险自合同成立时起由买受人承担。根据本条规定，在途标的物的风险负担确定有两条原则：一是当事人约定优先适用原则；二是当事人没有约定时，由买受人在合同成立时起负担风险的原则。本案中，甲、丙之间的买卖合同在8月3日成立，该批货物视为已经交付给丙，因此，丙应承担8月4日该批货物发生的毁损损失。

买卖合同中，标的物需要运输的，其运输方式通常有以下三种：（1）出卖人负责运送货物于指定交付地点；（2）买受人自己运输，即自提货物；（3）出卖人代办托运，出卖人负责联系承运人、办理运输合同手续，由承运人将货物交付买受

人，买受人负担运输费用。在第一种情形下，因标的物未交付，运输途中发生的危险由出卖人负担。第二种情形下，买受人在出卖人所在地取走标的物的同时，标的物的风险随之发生转移，该风险由买受人承担。在第三种情形下，如果运输合同是买受人与承运人签订的，此时出卖人作为买受人的代理人，以买受人名义联系承运人并与之签订合同，货物发生的风险当然由买受人承担。如果标的物的毁损、灭失系由可归责于承运人的事由引起，则买受人可以依据其与承运人之间的运输合同请求损害赔偿。如果运输合同是由出卖人以自己的名义与承运人签订的，买受人仅为收货方时，如果买卖当事人就风险负担又没有约定，那么，依据合同法的规定，自买卖合同订立时起风险移转于买受人，如本案中的情形。如果标的物因可归责于承运人的事由导致毁损、灭失的，买受人可能无法得到赔偿而处于十分不利的地位。这是因为：第一，因为风险负担已经转移，买受人不能向出卖人主张赔偿；第二，因为承运人与买受人之间并无合同关系，承运人对买受人的赔偿请求可以进行抗辩；第三，与承运人有合同关系的出卖人向承运人主张损失赔偿时，承运人可以风险负担已转移，出卖人并不受有损害为抗辩理由。对于该种情形，买受人最好以自己的名义与承运人订立合同，而不宜仅作为运输合同中的收货方。

6 在约定商品试用期内，试用人可否任意拒绝购买？

某电脑公司为推销本公司产品，在某商场内挂出横幅承诺：为体现本厂信誉和产品质量的可靠性，同意前 100 名顾客登记后先使用电脑，1 个月后顾客对产品满意时再付款，不满意时可以退货。邓某登记后将该品牌电脑搬回了家使用 15 天后，觉得电脑质量不错，但是由于手头有些紧，便打消了购买的念头。去退货时，电脑公司却认为，邓某提出的退货条件不属于产品本身的质量问题，不能构成退货的正当理由，不同意邓某的要求。双方发生争议，邓某遂不再使用电脑，也不付款。那么，本案该如何处理呢？

本案是一起试用买卖合同纠纷。试用买卖是一种特殊的买卖方式，合同当事人一方是出卖人，另一方则是试用人。关于试用买卖合同有以下几个特别之处：（1）试用买卖中，买卖的标的物应当交付试用人由其占有、使用。（2）试用中的标的物，意外灭失的风险责任（仅限于意外）由出卖人负担，不因试用人的占有、使用而转移至试用人，但由于试用人的过错，使标的物毁损、灭失的，试用人负赔偿责任。当买受人承认购买、合同生效时起，所有权转移至买受人，标的物意外灭失的风险也同时转移至买受人。（3）在试用期满前，试用人拒绝购买或同意购买均为其权利，出卖人无权请求强制履行，并且不能向试用人主张使用费。（4）试用期满时，试用人没有作出拒绝购买的表示的，视为试用人同意购买。《合同法》第 171 条规定，试用期间届满，买受人对是否购买标的物未作表示的，视为购买。如果试用期间届满拒绝购买的，则不发生拒绝的效力，试用人应当依约支付价金。在现实生活中，经常发生出现免费美容、免费拍照、免费测试等促销行为，但在消费者试用过程中或结束后又以种种名目收取费用，该类未讲明免费细目的促销行为实为设置销售圈套，将顾客置于无可选择的消费境地，是一种破坏公平交易权的行为，属于强卖行为，消费者可以依法拒绝该类要求，并可向工商管理部门举报。

邓某与电脑公司之间因有电脑公司的承诺，构成试用合同。根据这一合同，邓某对该电脑公司电脑进行试用，试用期为1个月，1个月后不满意的可以退货，由此决定了邓某在试用期满前有权购买或拒绝购买。《合同法》第171条规定：试用买卖的买受人在试用期内可以购买标的物，也可以拒绝购买。因此，邓某既可以购买，履行付款义务，也可以拒绝购买，并且无须申明拒绝的理由。电脑公司认为只有标的物质量有缺陷才能成为拒绝购买理由的观点，不符合法律规定。

7 经买受人同意的样品中已存在瑕疵，出卖人能否免责？

甲服装厂同乙百货公司订立1份棉服买卖合同，双方商定，甲方提供布料，凭乙方同意的样品加工。乙公司对甲公司提供的样品棉服检验之后，表示满意，双方进一步约定产品的质量标准后即将样品封存。甲公司按照合同要求的质量和规格购买布料进行加工，按期交付了全部货物。由于这批棉服样式新颖，乙公司很快就将其销售一空。不料没多长时间，陆续有顾客要求退货，原因是该顾客发现该棉服的面料成分并不是百分之百的棉，而是70%的棉和30%的涤纶。乙公司遂要求甲公司承担违约责任，全部退货并赔偿损失。甲公司认为自己完全按照双方同意的样品加工，没有任何违约之处，不应承担违约责任。双方诉至法院。法院在审理过程中查明，甲公司提供的棉服与双方封存的样品相同。

本案纠纷系因买卖标的物的样品存在隐蔽的瑕疵，但双方当事人对此均不知晓，且双方事先也无任何约定而引起的。这是一个凭样品买卖的买卖合同。在买卖合同履行时，出卖人对合同标的物应当担保其质量符合当事人的约定，没有品质、效用上的缺欠。本案的特殊性在于双方同意的样品中已存在瑕疵，双方当事人对此既不知晓也无约定，出卖人能否依据货物与样品相同而主张抗辩呢？《合同法》第169条规定：凭样品买卖的买受人不知道样品有隐蔽瑕疵的，即使交付的标的物与样品相同，出卖人交付的标的物的质量仍然应当符合同种物的通常标准。也就是说在凭样品买卖中，出卖人一方面要担保标的物与样品相同，同时也要担保标的物质量与同种类的通常标准相符合。样品的隐蔽瑕疵是指存在于样品本身但依通常的检查程序不能马上发现的品质、效用上的缺欠。如果合同标的物的瑕疵明显存在，而买受人认可的，出卖人当然可以免责，但若是隐蔽瑕疵，买受人并不明知，因此不能认为对该瑕疵予以认可。此时出卖人应当保证标的物的质量符合通常标准，出卖人主观上知道与否不能成为免责事由，同样，出卖人也不能以买受人已对样品认可而主张免责。在凭样品买卖中，出卖人不仅对给付的标的物，并且包括样品均应承担瑕疵担保责任。本案中甲服装厂理应对面料进行测试，以了解面料的成分组成，以保证样品质量符合同种类物的通常标准，而甲公司忽略了该步骤，对损失的发生负有过失。因此，乙公司因瑕疵受到的财产损失，有权向甲主张赔偿。

8 借款未到期但是借款人却擅自变更了借款用途，银行是否有权起诉？

甲以买车为名向银行贷款数十万元，但甲并未将贷款用于购车，而是个人消费了一部分，投资股票用了一部分，银行在例行核查时发现了这一问题，于是停止向甲发放贷款，而甲认为，自己只要按时归还贷款就可以了，银行无权单方解除贷款合同。那么，甲的想法正确吗?

甲的想法是不正确的。我国《合同法》第 202 条规定：贷款人按照约定可以检查、监督借款的使用情况。借款人应当按照约定向贷款人定期提供有关财务会计报表等资料。除此之外，《借款合同条例》和《贷款通则》及中国人民银行的相关规定都对贷款用途作了具体规定。根据有关法律、行政法规和规章的规定审查借贷用途，是贷款方据以确定贷与不贷、贷多贷少、期限长短的重要依据。鉴于上述情况，借款方必须如实填写借款用途。借款用途随借贷种类的不同而有所区别。国家信贷资金按用途进行分类，如划分为工业贷款、农业贷款、基本建设贷款等，分别由不同的专业银行管理。各类再划分为各种不同的类别。如工业贷款，再分为工业流动资金贷款、结算贷款、大修理资金贷款、小型技术措施贷款等。其中各类别又进一步划分为各种贷款，如工业流动资金贷款，包括定额贷款、超定额贷款、超值积压贷款等。依此分类，借款合同相应地分为不同的类型。要签订某一种借款合同，要求借款人对资金的用途符合该类贷款资金的预定用途。贷款银行按照不同用途所发放的贷款，都要求专款专用，不准挪用。因此，在借款合同中必须详细地写明借款用途，并且应严格遵守合同条款。贷款发放以后，贷款方还应对贷款的使用情况进行检查、监督，对挪用贷款的行为应及时予以纠正。

总之，按照合同约定用途使用贷款并接受贷款人监督检查是借款人的主要义务。借款人不得擅自将贷款挪作它用，否则构成违约。按照合同法的规定，借款人未按照约定的借款用途使用借款的，贷款人可以停止发放贷款、提前收回贷款或者解除合同。

9 法律是如何规定私人之间借款的利息的？

我国《合同法》第 211 条规定：自然人之间的借款合同对支付利息没有约定或者约定不明确的，视为不支付利息。自然人之间的借款合同约定支付利息的，借款的利率不得违反国家有关限制借款利率的规定。第 207 条规定：借款人未按照约定的期限返还借款的，应当按照约定或者国家有关规定支付逾期利息。

可见，自然人之间的借款，如果未约定利息，则不支付利息，但是若借款超过约定的还款期限仍未归还的，则逾期的期间应支付利息。并且该利息不得违反国家有关借款利率的规定。

若私人之间的借款约定支付利息的，则约定的利率必须符合国家的规定。《民通意见》第 122 条规定：公民之间的生产经营性借贷的利率，可以适当高于生活性借贷利率。如因利率发生纠纷，应本着保护合法借贷关系，考虑当地实际情况，有利于生产和稳定经济秩序的原则处理。最高人民法院 1991 年 8 月 13 日下发的《关于人民法院审理借贷案件的若干意见》第 6 条规定：民间借贷的利率可以适当高于银行利率，各地法院可根据本地区的具体情况掌握，但最高不得超过同类贷款利率的 4 倍（包括利率本数）。因此，约定的利率超出上述规定的上限是不会受到法律的保护的。

对于私人之间借款的利息，禁止计算复利。《民通意见》中规定：公民之间的借贷，双方约定将利息计入本金计算复利，其平均利率超过本意见规定限度的，超过部分不予保护。

最后，需要注意的是：私人之间借款禁止预扣利息，也即借款的利息不得预先在本金中扣除。利息预先在本金中扣除的，应当按照实际借款数额返还借款并计算利息。这是我国《合同法》第200条明确规定的。

10 我国法律对民间借贷行为有哪些主要规定?

我国法律对民间借贷行为的规定包括以下几个方面：

一、利息

《合同法》第211条规定："自然人之间的借款合同约定支付利息的，借款的利率不得违反国家有关限制借款利率的规定。"同时根据最高人民法院《关于人民法院审理借贷案件的若干意见》的有关规定："民间借贷的利率可以适当高于银行的利率，但最高不得超过银行同类贷款利率的4倍（包含利率本数）。"合同法同时规定："自然人之间的借款合同对支付利息没有约定或约定不明确的，视为不支付利息。"如果公民之间的借款没有约定利息，贷款方就无权收取利息。

关于支付利息的期限，"借款人应当按照约定的期限支付利息"。而现实生活中，公民之间的借款往往没有约定得如此明确。根据合同法的有关规定，借贷双方可以达成补充协议，如果双方最终仍不能确定支付利息的期限的，根据《合同法》第205条的规定："借款期间不满一年的，应当在返还借款时一并支付，借款期间一年以上的，应当在每届满一年时支付，剩余期间不满一年的，应当在返还借款时一并支付。"

二、借款期限

《合同法》第62条规定："履行期限不明确的，债务人可以随时履行，债权人也可以随时要求履行，但应当给对方必要的准备时间。”所以，如果公民之间的借贷没有约定还款日期，借款方可以随时还款，贷款方可以随时要求还款。

三、诉讼时效

民法通则对借款纠纷规定了2年的诉讼时效，但这里所指的2年并不是简单地从借款日起计算，而是从知道或应当知道权利被侵害时起计算。《民法通则》第141条规定：“诉讼时效因提起诉讼，当事人一方提出要求或者同意履行义务而中断，从中断时起，诉讼时效期间重新计算。”是否已超过诉讼时效还应视具体情况而定。

11 哪些借贷合同不受法律保护？

有下列情形的借贷合同不受法律保护：

（1）借贷进行非法活动。出借人明知借款人是为了进行非法活动而借款的，其借贷关系不受法律保护。如明知个人借款用于赌博、贩卖假币、贩卖毒品、走私等非法活动而借款给他人，其借贷合同不受法律保护，对行为人还要处以收缴款项、罚款、拘留等处罚，甚至追究刑事责任。

（2）非法金融业务活动。包括：

①非法吸收公众存款，是指未经中国人民银行批准，向社会不特定对象吸收资金，出具凭证，承诺在一定期限内还本付息的活动；②变相吸收公众存款，是指未经中国人民银行批准，不以吸收公众存款的名义，向社会不特定对象吸收资金，但承诺履行的义务与吸收公众存款性质相同的活动；③未经依法批准，以任何名义向社会不特定对象进行的非法集资；④非法发放贷款、办理结算、票据贴现、资金拆借、信托投资、金融租赁、融资担保、外汇买卖；⑤中国人民银行认定的其他非

法金融业务活动。

实践已充分表明，非法金融业务活动扰乱了国家正常的金融秩序，从根本上损害了群众利益，给经济生活和社会安定造成了严重危害。按照国务院（1998）第247号令第18条的规定，因参与非法金融业务活动所受到的损失，由参与者自行承担。这是因为非法金融业务活动本身是违法行为，参与非法金融业务活动也是不合法的，参与者由此造成的损失，不受国家法律保护。

（3）非金融企业以合法借贷掩盖的非法金融活动。最高人民法院《关于如何确认公民与企业之间借贷行为效力问题的批复》规定，具有下列情形之一的，应当认定无效：

①非金融企业以借贷名义向职工非法集资；②非金融企业以借贷名义非法向社会集资；③非金融企业以借贷名义向社会公众发放贷款；④其他违反法律、行政法规的行为。

该批复还规定，借贷利率超过银行同期贷款利率4倍的，按照最高人民法院《关于人民法院审理借贷案件的若干意见》的有关规定办理。无效的民事行为不具备民事法律行为的有效要件，因而不能产生行为人预期的法律后果。

（4）企业之间的借贷合同。《贷款通则》规定："企业之间不得违反国家规定办理借贷或者变相借贷融资。"企业之间的借贷合同违反国家金融法规，属于无效合同。依照有关法规，对于企业之间的借贷合同，法院除判决返还本金外，对出借方已经取得或约定取得的利息应当收缴，对借款方应处以相当于银行利息的罚款。

（5）明为联营实为借贷的合同。依照最高人民法院《关于审理联营合同纠纷案件若干问题的解答》的规定，企业法人、事业法人作为联营一方向联营体投资，但不参加共同经营，也不承担联营的风险责任，不论盈亏均按期收回本息，或者按期收取固定利润的，是明为联营，实为借贷，违反了有关金融法规，应当确认合同无效。除本金可以返还外，对出资方已经取得或者约定取得的利息应予收缴，对另一方则应处以相当于银行利息的罚款。

（6）违背真实意图的借贷关系。一方以欺诈、胁迫等手段或者乘人之危，使对方在违背真实意图的情况下所形成的借贷关系，应认定无效。借贷关系无效由债权人的行为引起的，只返还本金；借贷关系无效由债务人的行为引起的，除返还本金外，还应参照银行同类贷款利率给付利息。

（7）高利贷利息。最高人民法院《关于人民法院审理借贷案件的若干意见》规定："民间借贷的利率可以适当高于银行的利率，各地人民法院可根据本地区的实际情况具体掌握，但最高不得超过银行同类贷款利率的 4 倍（包含利率本数）。超出此限度的，超出部分的利息不予保护。"由此可见，高利贷利息不受法律保护。

12 超过诉讼时效期间后当事人承认债务的行为有法律约束力吗？

1999 年 5 月，王某为办养猪场向李某借款 5 万元，双方写了借条，并约定了按照国家的法定贷款利率确定利息。李某拿到借条后，觉得这笔债王某是赖不掉了，于是便起身去南方做生意去了，中间一直未向王某催讨借款。2005 年 6 月，李某回到家乡想起王某借钱这件事，于是向王某讨要欠款，并要求王某支付利息。王某有个学法律的儿子，知道这笔债务已经

过了时效期限，自己在法律上已经没有义务归还了。但鉴于李某曾在资金紧张时帮助自己解决了困难，于是提出可以偿还本金5万元，但是利息就不支付了，并写了一份还款声明给李某。而李某坚持讨要利息，双方为此发生纠纷，李某一气之下将王某告上了法庭。那么，本案该如何处理呢？超过诉讼时效期间后当事人承认债务的行为有法律约束力吗？

诉讼时效是指权利人在法定期间内不行使权利即丧失请求人民法院依法保护其民事权利的制度。我国民法通则规定了普通的诉讼时效期间为2年，超过这一期间的债权人向法院起诉的，法院在查明诉讼时效确已经过的，并且无任何使时效中止或延长的原因后，应判决驳回原告的诉讼请求。但是若债权人口头或书面要求债务人归还欠款的，则使诉讼时效中断，时效期间重新开始计算。因此，债权人为使自己的权利受到法律的保护，应当不断向债务人催讨欠款，以使诉讼时效反复中断，使自己的债权仍处于法律的保护之下。如果当事人在超过时效后自愿履行义务的，权利人仍然可以接受，并不构成不当得利。但是当事人在时效经过后履行又反悔的，人民法院不予支持。法院在司法实践中，遇到诉讼时效届满后，债务人向债权人出具还款计划书或者还款承诺书的，该债权的诉讼时效重新计算。

本案中在超过时效期间后，债务人同意偿还本金5万元但是不同意偿还利息，对于本金部分，该部分债权的诉讼时效重新开始计算，法律对该部分债权予以保护，如果债务人不履行还款义务的话，债权人可以申请法院强制执行，这点没有异议。疑问之处在，利息在法律上是不是必须归还呢？应当看到，在时效届满后，债务人可以时效期间已过的事实拒绝履行，也就是说该债务负担在法律上已经得以解除，王某完全可以不还债而不用承担任何法律责任。现在王某主动提出归还本金，相当于他放弃了自己的财产利益，对于当事人自愿履行，单方抛弃时效利益的行为，应当承认其效力。而对于利息部分的时效利益，债务人并没有抛弃，因此，该部分利益仍应归债务人所有，对于该利息部分，可视为已过了诉讼时效、且债务人又不愿意自愿履行，对此，债权人无法请求法院强制履行，向法院提出该要求也不会得到法院的支持。

13 赠与人可以自由撤销赠与吗?

魏某大学毕业后留在北京开办公司自主创业，几年来积攒了不少积蓄。一次魏某回家乡探亲，在拜访其母校时发现学校房屋年久失修，且拥挤不堪，便主动提出愿捐款50万元为学校建造一栋教学楼，但同时学校也必须为此投入一笔配套资金。学校当即表示同意。2004年11月1日，学校与魏某协商确定了资金到位时间和开工时间，魏某提出其所捐款项将在12月底到位，在此之前请学校作好开工准备，包括落实必要的配套资金。

2005年3月学校将其原有的校舍拆除，并于4月底找到村委及乡政府筹措了20万元资金开工建设学校，当学校找到魏某催要捐款时，魏某却提出因其公司需要扩张花销太大暂时无力捐款。学校提出可以减少捐款，但魏某表示仅能捐出5万元。双方不能达成协议，学校遂向法院提起诉讼，要求魏某履行诺言，否则赔偿学校为此遭受的全部损失。魏某辩称双方并没有签订书面合同，因此自己没有义务必须捐款，至于学校遭受的损失是由于其自己的原因造成的，不应由他来承担责任。

本案涉及赠与合同的撤销问题。赠与合同，是指财产所有人作出无偿地把财产转移给相对人的意思表示，而相对人表示接受的合同。《合同法》第185条规定：赠与合同是赠与人将自己的财产无偿给予受赠人，受赠人表示接受赠与的合同。赠与合同是诺成性合同，即只要双方达成合意，赠与合同即告成立。赠与合同中赠与人一方负有将自己的财产给予受赠人的义务，而受赠人并不负担任何义务，赠与虽然是赠与人处分自己财产的一种行为，但是赠与人并不能随意解除赠与合同。我国合同法明确规定了撤销赠与应受到下列限制：

（1）赠与人在赠与财产的权利转移之前可以撤销赠与，但是若赠与财产的权利已经转移，赠与人不得撤销。如赠与财产的权利已转移一部分，则赠与人仅就未转移部分可以撤销，对已转移部分不得撤销。（2）具有救灾、扶贫等社会公益、道德义务性质的赠与合同不得撤销。（3）经过公证的赠与合同不得撤销。

本案中，魏某承诺赠与50万元用于建造学校，具有社会公益性质，因此本案中的赠与合同不能撤销，魏某应当按照约定交付赠与财产，否则应当承担违约责任。

14 撤销赠与合同应具备哪些条件？

赠与合同一经双方达成协议即告成立，但是出于平衡赠与人和受赠人利益的考虑，法律规定了撤销赠与的条件，赠与人在赠与财产的权利转移之前可以撤销赠与。根据《合同法》第192条的规定，赠与人可以撤销赠与的法定事由有以下三个：

（1）受赠人严重侵害赠与人或者赠与人的近亲属。

（2）受赠人对赠与人有扶养义务而不履行。此处的扶养义务不论是法定义务、还是约定义务，受赠人都必须履行，其不履行即构成赠与的撤销事由。如果受赠人无扶养能力，那么其不履行扶养义务不构成赠与撤销的事由。

（3）受赠人不履行赠与合同约定的义务。在附义务的赠与中，受赠人应当按照约定履行义务，否则赠与人有权撤销赠与。

赠与人的撤销权，自知道或者应当知道撤销原因之日起一年内行使。另外，赠与人的继承人或监护人也享有赠与撤销权。《合同法》第193条规定：因受赠人的违法行为致使赠与人死亡或者丧失民事行为能力的，赠与人的继承人或者监护人可以撤销赠与。

15 承租人享有优先购买权吗？

2004年6月，潘某与马某签订了一份房屋租赁合同，合同约定：房屋租赁期限3年，形势变化随时变更，年租金1.2万元，马某房间内的家具供潘某使用。2005年7月初，因马某要出国定居，因此想将房屋出卖。潘某和马某协商后，决定将房屋及房间内的家具以22万元的价格卖给潘某（家具作价1万元）。谁知第二天潘某以价钱太贵为由表示不买。此后唐某提出购买此房，马某又询问了潘某是否购买，否则就要卖给他人，潘某仍表示不买。马某便与唐某达成协议，将此房以22万元的价格卖给唐某，唐某预付了定金3万元。但因租赁合同未到期，潘某提出继续使用房屋，马某和唐某对此没有异议。后来马某在与唐某办理房屋产权转移手续时，唐某提出自己不想要原房间内的家具，经与马某商议后，最后，唐某共支付给马某21万元，房屋的产权也变更到了唐某名下。后潘某得知马某是以21万元的价格将房屋卖给了唐某，于是以自己的优先购买权受到侵犯为由向法院提起诉讼，请求将争议房屋由被告马某优先卖给他。

承租人的优先购买权制度是民法中的一项重要制度。内容为房屋承租人在出租人转让房屋时有在同等条件下优先购买的权利。《合同法》第230条规定：出租人出卖租赁房屋的，应当在出卖之前的合理期限内通知承租人，承租人享有以同样条件优先购买的权利。承租人的优先购买权只有在符合下列条件时才能适用：（1）承租人和出租人之间存在合法有效的租赁合同。（2）承租人的优先购买权必须是在出租人出售其财产的同等条件下才能行使。同等条件指的是承租人与第三人同等的买房对价。承租人的优先购买权必须在一定期限内行使。最高人民法院《民通意见》第118条规定：出租人出卖出租房屋，应提前3个月通知承租人，承租人在同等条件下，享有优先购买权；出租人未按此规定出卖房屋的，承租人可以请求人民法院宣告该房屋买卖无效。可见，出租人出卖出租房屋应提前3个月通知承租人。相应的，承租人得以行使优先购买权的期限即为3个月。

根据上述规定，本案原告潘某作为承租人享有优先购买权，若在同等条件下承租人明确表示不予购买的，其优先购买权即丧失，不再享有。本案中承租人潘某和出租人马某双方议定的价格是22万元，而最终房屋是以低于向承租人提出的价格条件的价格与第三人成交的，这是否意味着出租人未在“同等条件”下让承租人行使优先购买权呢？这种情况是不同的。本案出租人降低价格条件，其实质在于卖房的费用中减去了家具的费用，而不是房价的降低，因此对承租人并不构成低于原价格的新的“同等条件”，承租人并不因此而仍然享有优先购买权。故本案作为承租人的原告，在原条件下表示不买，已丧失了优先购买权；在最终成交的价格条件下，也不享有优先购买权。因此，法院最终驳回了原告的诉讼请求。

16 未经出租人同意而将房屋转租他人应承担哪些法律责任？

郑某于2005年4月承租了叶某的一套两居室用于居住，每月租金2000元，租赁期限为1年。租赁半年后，郑某向叶某要求，将一间闲置不用的房屋借给其朋友张某居住，叶某表示同意。以后，叶某了解到郑某实际上是将该两居室全部转租给了张某，每月租金2200元，已经转租了3个月。在租住期间，张某为了扩大空间，擅自将房屋进行了装修，并将房间与阳台打通。叶某遂找到郑某、张某交涉，提出郑某转租时未经其同意，张某应立即搬出去，并恢复房屋原状，赔偿损失。那么，叶某的要求有法律依据吗？

本案涉及租赁合同中房屋转租的问题。我国法律明确规定，禁止承租人未经出租人同意而擅自转租。本案中，叶某与郑某订立的房屋租赁合同中没有规定是否允许转租的条款，那么合同未禁止转租是否意味着出租人允许承租人转租呢？答案是否定的，因为合同条款适用的原则是：有约定的从约定，无约定的从法律规定。当合同中没有约定这种情形时，则法律的规定自动成为合同的组成部分。因此，承租人擅自转租的，应构成对租赁合同义务的违反，且构成根本违约，出租人有权解除租赁合同。《合同法》第224条第2款规定：承租人未经出租人同意转租的，出租人可以解除合同。因此，叶某可以解除与郑某之间的租赁合同。而郑某将房屋擅自转租给张某的行为属于无权处分的行为，如果房主叶某对该行为予以追认，则转租行为是有效的，如果不予追认，则出租人叶某可要求确定该行为无效。并且叶某有权要求郑某将获得的不当得利 600 元（每月获取的 200 元非法利益）返还。

关于张某擅自装修房屋，甚至拆除与阳台相隔的墙壁，已造成对房屋的毁损，出租人叶某可以要求郑某承担擅自转租的违约责任，也可以要求张某承担损害赔偿的侵权责任，叶某可以择一行使，以保护自己的合法权益不受侵害。

17 租住的房屋的维修责任应该由房东负责还是物业公司负责？

小马在年初租了一套在曙光小区里的住宅，因当时房屋比较新，因此就没有和业主在租赁合同中约定有关维修费用、维修项目的条款。谁知从 4 月份开始，该房屋的卫生间屋顶就一直漏水，而且水管也出现渗漏现象。小马与物业公司联系，要求他们维修，但物业公司说他们只负责维修整个小区的公共使用部分。于是小马不得不与业主联系，业主却说，房屋现在由小马使用，维修也应由小马负责。小马很疑惑：在租赁合同未明确的情况下，房屋出了问题是否应由业主来维修？业主与物业公司未尽维修责任，能否因此不交房租和物业管理费？最后小马找到了律师进行咨询。

针对小马的疑惑，律师依据合同法的有关规定明确答复：物业管理费不含维修业主所购房屋内部设施、设备的维修费用。小区的物业管理公司没有义务为小马维修房屋。在租赁合同没有约定由谁维修房屋的情况下，根据《合同法》第 320 条的规定：出租人应当履行租赁物的维修义务，但当事人另有约定的除外。因此，在小马与房东就维修事项没有约定的情况下，应当适用合同法的规定，由出租人（即房东）承担维修义务。此外，《合同法》第 321 条规定：承租人在租赁物需要维修时可以要求出租人在合理期限内维修。出租人未履行维修义务的，承租人可以自行维修，维修费用由出租人负担。因维修租赁物影响承租人使用的，应当相应减少租金或者延长租期。因此小马在房子需要维修时可以要求房东在合理期限内维修。房东未履行维修义务的，小马可以自行维修，维修费用由房东负担。

不过，缴交租金与出租人维修房屋是两个不同的法律关系。小马不能如期缴交租金，是要承担逾期交租的违约责任的。

18 未签订书面的租赁合同，租赁双方能否随时终止合同？

我国合同法规定，当事人订立合同，可以采用书面形式，也可采用口头形式或其他形式，但法律、行政法规明确规定采用书面形式的，应当采用书面形式。《合同法》第 215 条规定，租赁期限 6 个月以上的，应当采用书面形式。当事人未采用书面形式的，视为不定期租赁。由此可见，当事人订立房屋租赁合同应当采用书面形式。如果当事人未采用书面形式订立房屋租赁合同的话，根据法律规定，该房屋租赁只能视为不定期租赁。在这种情况下，租赁合同的双方当事人可以随时终止租赁关系，即出租方有权随时要求承租方归还房屋；承租方也有权随时将房屋归还出租方。

房屋租赁合同一般应包括以下主要内容：（1）租赁当事人的姓名或者名称、住所；（2）房屋坐落地点、面积、结构、附属设施和设备状况；（3）房屋用途；（4）房屋交付日期；（5）租赁期限；（6）租金数额、支付方式和期限；（7）房屋使用要求和维修责任；（8）房屋返还时的状态；（9）违约责任；（10）争议解决方式；（11）租赁当事人约定的其他内容。目前，各地房地产管理部门均会同有关部门制订了房屋租赁合同的示范文本，租赁房屋的双方当事人可以参照使用。

19 房屋租赁合同在哪些情形下可以解除?

对于房屋租赁合同，承租人有下列行为之一的，出租人有权解除租赁合同，收回房屋：（1）承租人擅自将承租的房屋转租，转让或者转借的；（2）承租人利用承租的房屋进行非法活动，损害公共利益的；（3）承租人累计6个月不交租金的；（4）承租人未经出租人同意擅自改建、扩建承租房屋，或者换房，或者擅自改变承租房屋的用途，损害出租人利益的；（5）承租人死亡或者迁出承租房屋，原没有与其共同生活的亲属未经出租人同意，擅自迁入原承租人承租的房屋；（6）承租人所在单位为其分配了住房，其搬走后，原承租房空闲不用的；（7）未定租期，承租人单位已给其分配了住房，承租人无理不要公房的；（8）承租人已到单位分配的公房去住，承租人未经房主同意，将承租的私房交给单位安排他人去住的。

20 由于定作人提供的材料不符合环保标准导致新装修的房屋甲醛超标，该由谁承担责任？

2005年5月，刘某拿到了新房的钥匙后，就开始盘算起房屋装修的事。面对多种装修方案，经过多方的选择比较，刘某终于决定采取包工不包料的办法，由自己购买原材料，装修公司只负责设计、施工。经过两个多月的奔波劳累，房屋总算装修好了。在将要搬进新家之前，刘某依据专家的建议，找了一家环境测评公司测了测新房里的空气质量，不料发现新房里的甲醛竟然超出正常标准4倍。经过再三测量，找到了污染的源头，原来是地板砖的甲醛释放量超标。而这地板砖是刘某花高价从一家建材城买的。为了健康，刘某只好找原来的装修公司重新铺了地板，花去了数万元。对于这个损失，刘某认为，自己是听了装修公司的建议买的地板砖，因此应当由装修公司承担责任，而装修公司认为，签的合同中明确约定只包工不包料，这个损失只能由刘某承担。那么，本案中，应当由谁承担损失呢？

本案属于承揽合同纠纷。承揽合同是指承揽方按照定作方提出的要求完成一定的工作，定作方接受承揽方完成的工作成果并给付约定报酬的协议。在承揽合同中，承揽人负有以自己的设备、技术、劳力、亲自完成主要工作的义务。原材料既可以由承揽人提供，也可以由定作人提供。《合同法》第255条规定：承揽人提供材料的，承揽人应当按照约定选用材料，并接受定作人检验。第256条规定，定作人提供材料的，定作人应当按照约定提供材料。承揽人对定作人提供的材料，应当及时检验，发现不符合约定时，应当及时通知定作人更换、补齐或者采取其他补救措施。在本案中，刘某与装修公司签订的合同为包工不包料，因此，原材料应当由定作人刘某提供。刘某购买的地板砖，承揽人应当及时检验。但是本案中的承揽人——装修公司并不具备专业的检测能力，它不可能发现地板砖的甲醛释放量超标的现象，因此，对于刘某提供的地板砖，它只能从材质、数量、多少上提出建议，对于其他隐蔽瑕疵它没有义务也没有能力发现，因此，该地板砖质量不合格的责任应当由定作人刘某自行承担。至于刘某提到“是装修公司建议买的地板砖”的理由，作为一个完全民事行为能力人，刘某有自己的判断、认知能力，对于装修公司的建议他可以采纳，也可以不采纳，他有自由选择的机会，既然他采纳了装修公司的建议，他就要为自己的选择负起责任，以这种理由要求装修公司承担责任在法律上是完全讲不通的。

21 定作人可以任意变更、解除承揽合同吗？

何某提供三块木料给某家具厂定制一个衣柜、一个写字台、一个电视柜，开工不久，何某经过比较，觉得买现成的家具更合算，遂要求家具厂停止制作。而此时家具厂已经制作好了电视柜，正准备制作衣柜和写字台，家具厂认为这是个无理要求，便继续使用剩下的两块木料，按原定样式和日期做好了衣柜和写字台。后家具厂要求何某支付全部约定报酬，而何某以家具厂损害其两块木料为由拒绝支付任何报酬，双方因此发生纠纷，家具厂将何某起诉到法院，要求何某支付报酬。那么，本案该如何处理呢？

承揽合同是承揽方按照定作方提出的要求完成一定的工作，定作方接受承揽方完成的工作成果并给付约定报酬的协议。承揽合同可以分为加工合同、定作合同、修理合同、复制合同、测试合同和检验合同等种类。承揽合同是诺成、双务、有偿、不要式合同，承揽人负有以自己的设备、技术、劳力亲自完成“主要”工作的义务，未经定作人同意，承揽人不得将承揽的主要工作交由第三人完成。《合同法》第 258 条规定：定作人中途变更承揽工作的要求，造成承揽人损失的，应当赔偿损失。第 268 条规定：定作人可以随时解除承揽合同，造成承揽人损失的，应当赔偿损失。可见在承揽合同成立后，承揽人交付完成的工作成果前，定作人可以随时变更合同，也可以随时解除合同。但是因定作人变更、解除合同而致承揽人损失的，定作人应负赔偿责任。因此本案中，何某可以随时要求家具厂停止制作，因为何某解除承揽合同时，家具厂已经完成了电视柜的制作，因此，何某应当接受该电视柜并支付相应报酬；可以拒绝受领衣柜和写字台，但应当赔偿家具厂为准备制作衣柜和写字台的相应损失，家具厂应当赔偿由于继续制作而给何某造成的损失。法院最终经过调解结束了本案的审理。

22 乘客在公交车上被挤伤，客运公司该不该赔偿？

2005 年 4 月的某天，周某像往常一样出门坐上了 3 路公共汽车去单位上班，当车快开到下一站时，由于车厢拥挤，下车的人较多，周某被人群挤到了门口，手指被车门夹伤。周某到医院诊断，花去医药费 120 元。那么，周某可以要求公交公司赔偿自己的损失吗？

根据合同法的规定，在客运合同中，承运人的基本义务之一就是在约定或者合理期间内将旅客安全运到约定地点，客运公司在运输途中应当确保旅客的人身安全。只要不是旅客自身的原因造成的旅客人身伤亡，承运人均应当负责，除非法律有其他规定。我国《合同法》第302条规定，承运人应当对运输过程中旅客的伤亡承担损害赔偿责任，但伤亡是旅客自身健康原因造成的或者承运人证明伤亡是旅客故意、重大过失造成的除外。可见，承运人对旅客的人身伤亡承担无过错责任。即使旅客的伤亡并非是承运人的原因引起的，承运人仍然应当承担旅客伤亡的赔偿责任。本案中，周某的受伤不是由于自身的健康原因，也不是由于自己故意或重大过失的行为造成的，因此公交公司对此应承担损害赔偿责任。需要指出的是，根据合同法的规定，承运人除了对旅客的人身伤亡承担损害赔偿责任外，在运输过程中，也应当尽力救助患有急病、分娩、遇险的旅客。上述要求不仅适用于正常购票乘车的旅客，对于按照规定免票、持优待票或者经乘运人许可搭乘的无票乘客同样适用。对于无票乘车又未经承运人许可的人员的伤亡，因没有合法有效的合同关系的存在，承运人不承担违约的赔偿责任。但是如果是由于承运人的原因造成的侵权损害，承运人应承担侵权的损害赔偿责任。

23 发生交通事故后，客运公司应不应当对无票的乘客进行赔偿？

2004年5月5日，某公司采购员王某临时受公司委派，到南京采购一批茶具。由于节假日车票紧张，王某未能买到票。最后，几经周折，王某终于登上了一班由上海开往宁波的长途汽车。上车后司机始终未要求王某买票，王某也未主动拿钱买票。不料启程1小时后，汽车与高速公路旁边的路牌相撞，致使包括王某在内的12位乘客受了不同程度的伤害。后经交通主管部门查明：此起交通事故系司机疲劳驾车所致。于是，客运公司对在该起事故中受伤的11位乘客作了相应的赔偿。但对于王某的赔偿请求，客运公司以王某无表明合同生效的车票为由，拒绝赔偿。而王某认为：司机允许王某上车这一行为即表明客运合同的生效，根据“法律保护有效合同”的原则，客运公司应对合同存续期间发生的旅客伤亡承担无过错责任，他的赔偿请求应得到法院的支持。那么，本案中客运公司应不应当对无票的乘客进行赔偿呢？

本案的关键在于原告和被告之间的客运合同是否生效。如果客运合同成立且生效，则王某的请求应得到法院的支持，否则，法院就应驳回王某的诉讼请求。《合同法》第293条规定：除当事人另有约定或另有交易习惯外，客运合同自承运人向旅客交付客票时成立。因此，在一般情况下，旅客提出购票要求为要约，乘运人交付客票即为承诺，客运合同自此时成立。但在实际生活中，由于实际情况多变，客运合同成立的时间并非千篇一律。如提前订票的，合同自交付客票时起成立；在本案中“先上车后购票”的情况下，合同自旅客登车时成立。乘客在与承运人达成意思一致之后，上车补票只是将这种合意变为书面形式而已，客票的有无并不影响当事人之间合同关系的有效成立，因此本案件中的客运合同已有效成立。王某没有购买客票并不影响其依据合同法的规定要求获得赔偿的权利。《合同法》第302条规定：承运人应当对运输过程中旅客的伤亡承担损害赔偿责任，但伤亡是旅客自身健康原因造成的或者承运人证明伤亡是旅客故意、重大过失造成的除外。前款规定适用于按照规定免票、持优待票或者经承运人许可搭乘的无票旅客。根据此条规定，在认定承运人的损害赔偿责任时，适用的是“无过错责任”原则，即除法律规定的免责事由外，承运人均应负赔偿责任，而不问其主观是否有过错。因此，王某的赔偿请求应得到法院的支持。

24 货物在运输过程中发生损毁，该由谁来承担责任？

依据合同法的规定，在货物运输过程中，承运人负有安全运输的义务，承运人应依照合同约定，将托运人交付的货物安全运输到约定的地点，对于运输过程中货物的毁损、灭失，由承运人承担损害赔偿责任。对于货物的毁损、灭失的赔偿额，当事人有约定的，按照其约定；没有约定或者约定不明确的，当事人可以协议补充，不能达成补充协议的，按照合同有关条款或者交易习惯确定。仍然不能确定的，按照交付或者应当交付时货物到达地的市场价格计算。法律、行政法规对赔偿额的计算方法和赔偿限额另有规定的，从其规定。如果承运人证明货物的毁损、灭失是因不可抗力、货物本身的自然性质或者合理损耗以及托运人、收货人的过错造成的，承运人不承担责任。

此外，实际生活中会遇到多式联运的情形，在多式联运合同下，货物的毁损该由谁承担责任呢？多式联运合同是指采用多种运输方式实施的，将货物或者旅客从一地运送到指定的地点为目的的合同。多式联运合同的特点在于与托运人或者旅客订立合同的承运人往往与实际承担运输工作的实际承运人不一致。订立合同的承运人可以实际承担运输义务，也可以仅承担一部分实际运输义务，也可以将全部运输义务交由其他实际承运人承运。但是，由于订立合同的承运人是负责履行或者组织履行运输合同的，因此法律要求订立合同的承运人应当承担全程义务，但其承担责任之后，可以依据其与每一区段的运输承运人签订的合同，向其他承运人追偿。

25 停放在饭店停车场的汽车被盗，饭店应当承担赔偿责任吗?

辛某于 2005 年 5 月 5 日到某饭店就餐，在吃饭的当天将自己的汽车停在了饭店门前的停车场。谁知吃完饭后，辛某发现自己的汽车不见了，辛某遂要求该饭店进行赔偿，而饭店认为其并没有收取保管费，只是出于为旅客提供方便，才为辛某无偿保管，现汽车丢失，责任不在饭店，因此不应由饭店承担责任。辛某于是向法院提起诉讼，要求饭店赔偿汽车丢失的损失。

近年来，因停放在宾馆、高档饭店或浴室等场所的车辆被盗而引发的场所主人与顾客的纠纷时有发生，解决这类纠纷的首要问题是明确场所主人提供场所这一行为的法律性质。如果这一关系被确认为保管关系，那么车辆被盗，提供场所的主人须承担赔偿责任；如果这一关系被确认为场地使用关系，提供场所的主人对停放在停车场内的车辆无保管之义务，则车辆被盗后场所主人无须赔偿。现行法律对上述关系的定性无明文规定，但一般认为，宾馆、旅店、饭店等场所因为往来旅客、顾客较多，人员复杂，出入频繁，旅客、顾客携带的物品不易保管，不安全因素较大，而从事宾馆、旅店、饭店行业的场主通过经营活动可以获得较大利润，一般法律均要求场主对旅客和顾客的人身、财产安全负责，对旅客、顾客随身携带物品的毁损、灭失负赔偿责任。既然饭店门口准备有专门停放车辆的场所，也应有专人负责车辆的保管，实际上已构成保管关系而非场地使用关系。保管合同是指双方当事人约定一方当事人保管另一方当事人交付的物品，并返还该物的合同。保管合同有以下特点：(1）为实践合同，即保管合同的成立不仅需要当事人之间就保管事项达成协议，而且必须在交付了保管物之后保管合同才能有效成立。(2）为无偿合同。《合同法》第366条规定，寄存人应当按照约定向保管人支付保管费，当事人对保管费没有约定或者约定不明确，依照该法第61条的规定仍不能确定的，保管是无偿的。(3）保管合同的目的是保管物品，无论是有偿还是无偿的，保管人都应当像保管自己的物品一样保管保管物，不能擅自使用或者许可他人使用保管物。但需要提醒的是，如果顾客对于货币、有价证券及其他贵重物品在寄存时应予以声明而未声明的，保管人对该物品的毁损、灭失，可以按一般物品予以赔偿，但保管人有故意或重大过失的除外。因此，本案中，由于保管合同已经有效成立，饭店虽然没有收取辛某的汽车保管费（其实已经包含在就餐的费用里了)，但也应当尽“善良管理人”的义务，由于饭店未能尽职，致使汽车被盗，饭店存在重大过失，因此依法应当承担赔偿责任。

26 保管人因管理不善而造成保管物损毁应如何赔偿？在什么情况下不负赔偿责任？

《合同法》第369条规定，保管人应当妥善保管保管物。当事人可以约定保管场所或者方法。除紧急情况或者为了维护寄存人利益的以外，不得擅自改变保管场所或者方法。可见，保管人有对保管物妥善保管的义务。对于保管场所或方法，有约定的，按其约定执行，没有约定的，应当按照保管物的性质、合同目的以及诚实信用原则确定保管场所和方法。除非出现紧急情况，不得擅自改变保管场所或方法。所谓紧急情况，是指因第三人的原因或者因自然原因，保管物可能发生毁损、灭失，保管人为了维护寄存人的利益，可以改变原来约定的保管场所或者保管方法。

保管期间，因为保管人保管不善造成保管物毁损、灭失的，保管人应当承担损害赔偿责任。保管物的毁损、灭失必须是由于保管人保管不当造成的，而不是由于不可抗力、第三人侵害以及其他原因造成的。如果保管物有瑕疵或者按照保管物的性质而要采取特殊保管措施，寄存人未告知，而致使保管物受损失的，保管人不承担损害赔偿责任。

在保管是无偿的情况下，保管人只对因重大过失造成保管物毁损、灭失的后果承担损害赔偿责任。所谓“重大过失”，是指保管人对保管物明知可能造成毁损、灭失而轻率地作为或不作为。

27 保管人擅自出卖寄存物，买受人能取得该寄存物的所有权吗？

田某和苏某是同事，关系一向不错，又是对门邻居，二人交往甚密，无话不谈。一日田某对苏某讲，家里有台旧钢琴，没什么用又占地，想把它卖掉，看能否找个买主。苏某记在心上，找了很长时间，没有结果。苏某告诉田某找不到买主，田某说算了吧。半年后田某分到新房，不愿把旧钢琴摆在家中，就放到苏某家门口的楼道边上，请苏某代为保管，之后田某受本单位委派，出国工作1年。

苏某保管半年后，恰好有一天同学李某到他家，发现了这个旧钢琴，李某以为钢琴是苏某弃置不用的，便提出了购买的想法，苏某碍于同学情面没有告诉李某此钢琴为田某所有的事实，便将钢琴以100元的低价卖给了李某。田某回国后，向苏某索要钢琴，发现钢琴已被卖给李某，于是便找李某索要，遭到了李某的拒绝。苏某和田某因此事而发生争执，苏某为自己好心办事却遭到责备烦恼，田某亦恼怒苏某未经其同意就将钢琴低价贱卖，并执意要李某归还钢琴。本案中，李某能取得钢琴的所有权吗？

在本案中一共有两个合同关系，一个是田某和苏某之间的保管合同关系，另一个是苏某和李某之间的买卖合同关系。苏某作为保管人，应当妥善保管标的物，由于该保管合同是无偿合同，因此，苏某只对因自己故意和重大过失给标的物造成的损害负赔偿之责。苏某作为保管人依法占有了标的物，但由于未经田某的特别授权，对该钢琴没有处分权。但是，对于李某以100元的价格从苏某处购得旧钢琴，其行为符合善意取得的要件：首先，苏某为有权占有人；其次，苏某的出卖行为为无权处分；第三，李某依法律行为取得标的物；第四，李某是善意的，他并不知道苏某无处分权。因此，李某依据善意取得原理，可以取得钢琴的所有权。田某不能向李某主张归还钢琴，但是由于苏某就出卖钢琴一事没有征得所有人同意负有一定过失，并且故意隐瞒实情低价贱卖钢琴给李某，侵害了田某的财产权，应当承担相应的侵权责任。

28 因故没有租住房屋中介公司介绍的房屋，能否要求中介公司退还中介费？

李某大学毕业后留京工作，因单位没有提供宿舍，因此李某多方打听出租房屋的信息，并与某房屋中介公司签订了一份居间合同，委托该中介公司为其寻觅合适的出租房屋。半个月后，该中介公司为李某提供了一处满足其条件的房屋，李某看后非常满意，遂和房主签订了为期半年的租赁合同，并支付给该中介公司居间报酬 1500 元。谁知第二天上班后，公司通知李某需到外地工作一年，李某于是决定不再租赁该房，并以此为由要求中介公司退还其中介费。那么，李某的要求有法律依据吗？

居间合同是指当事人双方约定一方接受他方的委托，并按照他方的指示要求，为他方报告订立合同的机会或者为订约提供媒介服务，委托人给付报酬的合同。在居间合同中，接受委托报告订立合同机会或者提供交易媒介的一方为居间人，给付报酬的一方为委托人。

居间合同的委托人可以是任何公民、法人；而居间人只能是经过有关国家机关登记核准的从事居间营业的法人或公民。居间业务根据居间人所接受委托内容的不同，既可以是只为委托人提供订约机会的报告居间，也可以是为促成委托人与第三人订立合同进行介绍或提供机会的媒介居间，也还可以是报告居间与媒介居间兼而有之的居间活动。

我国《合同法》的第 426 条规定，居间人促成合同成立后，可以按照居间合同的约定向委托人请求支付报酬。对居间人的报酬没有约定或者约定不明确的，依照《合同法》第 61 条的规定确定，即当事人可以协议补充，或不能达成补充协议的，按照合同有关条款或交易习惯确定，仍然不能确定的，则根据居间人的劳务合理确定。因居间人提供订立合同的媒介服务而促成合同成立的，由该合同的当事人平均负担居间人的报酬。居间人未促成合同成立的，不得请求支付报酬，但可以请求委托支付从事居间活动支出的必要费用。

因此是否应当支付居间人居间报酬，关键在于居间人是否“促成了合同成立”，司法实务中的标准一般是指：委托人与相对人是否成立合同关系；居间人的居间活动是否为合同的成立起到促进作用。例如，提供便利、降低难度、加快进度等。若居间人的居间活动对于合同的成立完全或者基本没有帮助，则不能认为促成合同成立。这里需要指出的是，只要合同成立即可，至于合同生效与否在所不问。例如，附条件的合同成立后，因条件未实现而未生效，不可因此而认为居间人不得请求支付报酬。在本案中，房屋中介公司已经提供了满足李某要求的房屋，李某也已和房主签订了房屋租赁合同，因此，李某应当向其支付居间报酬。李某因故不再租赁该房屋并不能构成居间合同不成立的理由，他的要求是没有任何法律依据的。

29 房屋中介“吃差价”的行为该如何认定？

2004 年 10 月，李先生找到了一家房地产中介公司，要求购买一套二手房。经过协商，该中介公司的工作人员赵某以卖房方委托代理人的身份将一套 120 平方米的二手房以 60 万元的价格卖给了李先生，并收取了中介费 9000 元。2004 年 12 月 24 日，李先生拿到房产证并搬入新买的房屋。后来，李先生从邻居口中得知原房主黄先生是以 50 万元的价格出售该房的。经过调查取证并得到多方证实，李先生认为该中介公司在价格上存在欺诈，要求中介公司退还10万元房价款，多次交涉未果后，李先生起诉至法院。

房屋中介公司从事的是房地产经纪业务，即在房地产交易中从事居间、代理等经纪活动，在房屋和土地的买卖、转让、租赁、交换等交易活动中充当中间媒介，接受委托，收取佣金的自然人和法人。因此它和委托人之间签订的合同性质为居间合同。而本案中，房地产中介公司先以其工作人员的名义买下原业主黄先生的房屋，后又以其另一工作人员的名义与李先生签订《房屋买卖合同》，以60万元的价格将该房屋卖给李先生，从中非法牟取了10万元的利益。该公司的上述行为已经超过了有关行政管理部门核准的经营范围，属于以合法的形式掩盖非法目的，应构成欺诈，因此转手倒卖房屋赚取的差价10万元应当予以没收。法院最后作出了上述判决。

在现实生活中，房屋中介"吃差价"的情况很多，甚至被某些房屋中介公司视为公司赢利的法宝。他们一般采取以下方法来实现目的：一是阻止购房人与房东见面。中介公司与房主达成代理销售意向后，双方签订合同。中介公司付给房主一笔订金，当中介公司以更高价格找到一个买主后，以种种理由阻止买主与房主见面，最终达到买方与中介签订合同的目的，另一个办法是中介公司与房主签订合同并付全款将房屋买下，然后再加价将其卖出。

要避免上中介公司的当，购房者在通过中介公司买房的过程中，应当注意以下问题：

（1）一定要看清中介服务协议上的内容再签字。委托中介的协议主要内容包括介绍物业的情况、收取佣金的标准、违约条款等，不妨明确要求与房主直接见面了解房屋情况，签字前一定要看清协议上所写的内容，切勿随意签字了事。

（2）核实买卖双方身份。进行交易前一定要核实业主房产证、身份证、户口簿等并到国土部门查询该房屋的法律状态。在签正式合同时，买卖双方应当当面沟通并确认房屋的实际情况。

（3）看清合同条款。签署正式购房合同，必须要求买方、卖方及中介公司三方同时到场签约，并且认真审查合同上的所有条款，尤其是涉及费用分担、房款支付方式和时间及房屋交付使用日期、违约责任等方面条款。相关的合同、票据原件都必须妥善保管，一旦发生任何争议，就可以及时向有关部门投诉或向法院起诉。

四、合同争议的处理办法

1 出现合同纠纷时，有哪些解决途径？

合同纠纷有以下四种解决途径：

（1）和解。和解是指合同纠纷的当事人，在自愿互谅的基础上，按照国家有关法律、政策和合同的约定，通过摆事实，讲道理，以达成和解协议，合同双方当事人自行解决合同纠纷的一种方法。和解相对于其他解决纠纷的方式而言，是最为简便和快速的解决纠纷方式。和解还有利于维持当事人之间的合作关系，在此后继续往来。因此，如果在合同纠纷形成以后，当事人之间能够自行和解，那是解决纠纷的最佳途径。当然，是否进行和解是当事人自由选择的，不是合同纠纷解决的必需程序，当事人可不经和解而直接选择其他解决纠纷的方式。

（2）调解。调解是指民间调解，即由合同纠纷当事人以外的第三人主持，在查明事实、分清是非的基础上，由第三人说服双方当事人彼此妥协，达成一致的解决合同纠纷的方式。当事人如接受调解，应当制作调解协议书。调解相对而言，也是较为简便和快速的解决方式。调解也不是解决合同纠纷的必经程序，当事人可以不经调解而直接选择其他解决纠纷的方法。

(3) 仲裁。仲裁是指合同纠纷的当事人根据事先或者事后达成的仲裁协议，请求仲裁机构进行裁决以解决纠纷的行为。仲裁的裁决具有法律效力。仲裁裁决作出后，当事人既不能向其他仲裁机构申请再次仲裁，也不能向法院起诉。对由仲裁机关作出的裁决，除非人民法院裁定撤销的，当事人必须执行。当事人不执行的，对方当事人可以请求法院执行。但是，当事人要选择仲裁方式解决纠纷，需要双方达成仲裁协议方可。

(4) 诉讼。诉讼俗称打官司，是指合同纠纷发生后，当事人一方向法院起诉，请求法院按照法律规定对当事人争执的问题进行审理和裁判的全过程。合同纠纷的任何一方当事人均可以向法院起诉。在我国，诉讼实行两审终结制度。对生效的判决、裁定，当事人必须执行。当事人不执行的，对方当事人可以申请法院强制执行。

上述四种方式都是解决合同争议的传统方式。彼此之间并无高低贵贱之分。在发生纠纷后当事人可以自愿选择一种方式来解决纠纷。需要注意的是，在调解、仲裁和诉讼过程中当事人均可以自行和解，在仲裁和诉讼中也都可以由仲裁机构或者审判机构进行调解。不过，仲裁和诉讼中进行的调解与上述的民间调解虽然在具体实施方式、方法和步骤上有很多共同之处，但是在法律效力上，仲裁机构和审判机构出具的调解书具有与仲裁裁决和判决同样的法律效力，法院可以依此强制执行，而民间调解达成的调解书并不具有以上特点。

2 和解后签订的新合同，对双方是否有约束力？

合同纠纷的当事人经过协商达成和解后，一般都要签订新的合同。只要新的合同是在双方意思表示一致的基础上签订的，内容不违反国家法律法规，不损害国家、集体和他人的利益，属于合法有效的合同。凡是合法有效的合同，都受国家法律保护，对双方都有约束力，任何一方不得违反。不管哪一方，如果违反了合同，除了具有国家法律规定的免责条件以外，都要承担违约责任。

3 如何订立仲裁协议？仲裁协议应当包括哪些内容？

仲裁协议，是指各方当事人根据意思自治原则，表示愿意将他们之间已经发生或者可能发生的财产权益争议提交仲裁机构进行解决的书面协议。《仲裁法》第 4 条规定：当事人采用仲裁方式解决纠纷，应当双方自愿，达成仲裁协议。没有仲裁协议，一方申请仲裁的，仲裁委员会不予受理。可见申请仲裁的前提是存在仲裁协议。实践中仲裁协议有两种表现形式：一种是在合同中设立仲裁条款。仲裁条款就是当事人在合同中订立的，表示愿意将他们之间将来可能发生的纠纷用仲裁的方式解决的条款。此外还包括当事人之间在签订合同以后，通过互相交换信函、电传、电报或者有记录的其他通讯方式所达成的同意提交仲裁机构仲裁的文字记录。仲裁条款是最常见的仲裁协议形式。另一种是仲裁协议书。仲裁协议书是当事人在主合同之外，单独签订的发生纠纷请求仲裁机构仲裁的法律文书。仲裁协议书既可以在纠纷发生前订立，也可以在纠纷发生后订立，而仲裁条款一般是主合同的条款之一，是在纠纷发生前订立的。

如果当事人在合同中约定：纠纷发生后既可以申请仲裁，又可以提起诉讼。则该条款并不是仲裁条款，仲裁条款必须是将仲裁作为解决纠纷的唯一方式，从而排除人民法院的管辖，如果既约定可以申请仲裁，又约定可以起诉，任何仲裁委员会都不能受理，除非当事人达成了新的仲裁协议。

仲裁协议的内容应当包括以下方面：（1）请求仲裁的意思表示。（2）仲裁事项。约定的仲裁事项必须符合法律规定的仲裁范围，否则无效。（3）选定的仲裁委员会。仲裁实行的是协议管辖。仲裁无级别、地域、专属的限制，对于仲裁机构的选定当事人有充分的选择权。仲裁协议或者条款可以自行选定仲裁机构。除了选择仲裁机构，当事人还有权选择仲裁员。审理仲裁案件的仲裁员，首先由双方当事人各自或共同选定或共同委托仲裁委员会主任指定。当一方当事人弃权或不能共同选定首席仲裁员后，才能由仲裁委员会主任来指定。

4 什么样的仲裁协议是无效的？

在以下几种情形下仲裁协议是无效的：

（1）仲裁协议约定的事项超出了仲裁的范围。我国《仲裁法》第2条规定：平等主体的公民、法人和其他组织之间发生的合同纠纷和其他财产权益纠纷，可以仲裁。也就是说，超过这个范围的纠纷，如婚姻、收养、监护等有关身份关系的纠纷仲裁委员会无权仲裁，这个仲裁协议也就是无效的。

（2）无民事行为能力人或者限制行为能力人订立的仲裁协议。

(3) 一方采取胁迫手段，迫使另一方订立的仲裁协议。

(4) 仲裁协议对仲裁事项或仲裁委员会没有约定或者约定不明确，并且当事人之间又达不成补充协议的，仲裁协议无效。如果当事人仅约定了仲裁地点，而对仲裁机构没有约定，发生纠纷后，双方当事人就仲裁机构又达不成补充协议的，该仲裁协议无效。如果当事人同时选择两个仲裁机构，如“合同争议应提交中国国际贸易促进委员会对外经济贸易仲裁委员会，或瑞典斯德哥尔摩商会仲裁院仲裁”，只要仲裁条款对仲裁机构的约定是明确的，亦是可以执行的，当事人只要选择约定的仲裁机构之一即可进行仲裁。

(5) 签订的仲裁协议没有采用书面形式，仲裁协议无效。《仲裁法》第16条规定：仲裁协议包括合同订立的仲裁条款和以其他书面方式在纠纷发生前或者纠纷发生以后达成的请求仲裁的协议。前述规定明确了仲裁协议必须采取书面形式，因此，口头达成的承诺或者口头形成的仲裁协议是无效的。

5 对仲裁协议有异议怎么办？

当事人对仲裁协议的效力有异议，应当在仲裁庭首次开庭前提出。

仲裁法规定，当事人对仲裁协议的效力有异议的，可以请求仲裁委员会作出决定或者请求人民法院作出裁定。一方请求仲裁委员会作出决定，另一方请求人民法院作出裁定的，由人民法院裁定。

在最高人民法院《关于确认仲裁协议效力几个问题的批复》中进一步规定：当事人对仲裁协议的效力有异议，一方当事人申请仲裁机构确认仲裁协议效力，另一方当事人请求人民法院确认仲裁协议无效，如果仲裁机构先于人民法院接受申请并已作出决定，人民法院不予受理；如果仲裁机构接受申请后尚未作出决定，人民法院应予受理，同时通知仲裁机构停止仲裁。

一方当事人就合同纠纷或者其他财产权益纠纷申请仲裁，另一方当事人对仲裁协议的效力有异议，请求人民法院确认仲裁协议无效并就合同纠纷或者其他财产权益纠纷起诉的，人民法院受理后应当通知仲裁机构中止仲裁，人民法院依法作出仲裁协议有效或者无效的裁定后，应当将裁定书副本送达仲裁机构，由仲裁机构根据人民法院的裁定恢复仲裁或者撤销仲裁案件。

人民法院依法对仲裁协议作出无效的裁定后，另一方当事人拒不应诉的，人民法院可以缺席判决；原受理仲裁申请的仲裁机构在人民法院确认仲裁协议无效后仍不撤销其仲裁案件的，不影响人民法院对案件的审理。

6 合同纠纷诉讼的起诉状如何写？

我国《民事诉讼法》第 109 条规定：起诉应当向人民法院递交起诉状，并按照被告人数提出副本。书写起诉状确有困难的，可以口头叙述，由人民法院记入笔录，并告知对方当事人。一般来讲，向法院起诉就必须向法院提供书面的请求，俗称状子，学名为起诉状。起诉状是法院依法进行审理的根据，我国民事诉讼有“不告不理”的原则，法院审查案件全部是围绕着起诉状上所写的诉讼请求展开的，起诉状的重要性由此可见一斑。合同纠纷的起诉状和一般的民事起诉状一样，一般而言，应当包括以下内容：

（1）当事人的姓名、性别、年龄、民族、职业、工作单位和住所，法人或者其他组织的名称、住所和法定代表人或者主要负责人的姓名、职务。（2）诉讼请求和依据的事实和理由。（3）证据和证据来源，证人姓名和住址。

在写起诉状时，要注意以下几点：（1）在起诉状的首部，介绍当事人的情况时，应当写明法人或者组织的名称、单位所在的地址、邮政编码、法定代表人或者主要负责人的姓名、职务等。（2）在诉讼请求的内容里，应当明确固定，不能随意变化。在诉状中，请求人民法院处理什么问题，要事先作出周密、慎重的考虑，做到周到、无遗漏。一经立案之后，最好不要随意改变请求事项，这样会使人民法院办案受到影响，也会使诉讼活动显得不够严肃。（3）在阐释事实部分中，要注意以下几点：一是要交代清楚原告和被告之间的关系；二是要写清当事人之间纠纷的案由，发生、发展的经过；三是要写清当事人之间争执的焦点和双方对民事权益争议的具体内容，写清楚与案件有直接关系的客观真实情况和实质性的分歧意见；四是要分清责任。（4）在引用法律条文的时候，要写得全面、具体。要写清楚引用的是什么法律，具体是哪条哪款。（5）在尾部的附项里，要注意写清楚以下内容：一是本诉状副本的份数，这要按照被告的人数来提供；二是物证的名称及件数；三是书证的名称及件数；四是证人姓名及住址。

最后，起诉状要严格按照人民法院诉讼文书的格式来写，不能缺少内容，另外，为了装订卷宗整齐、方便，当事人写起诉状也要使用法院统一印制的诉讼文书用纸。

7 怎样写合同案件的答辩状？

答辩状，是指公民、法人和其他组织作为民事诉讼的被告，在收到原告的起诉状副本后，在法定的期限内，针对原告在起诉状中提出的事实、理由及诉讼请求，进行回答和辩驳时所使用的一种文书。

《民事诉讼法》第 113 条规定：人民法院应当在立案之日起 5 日内将起诉状副本发送被告，被告在收到之日起 15 日内提出答辩状。被告提出答辩状的，人民法院应当在收到之日起 5 日内将答辩状副本发送原告。被告不提出答辩的，不影响人民法院审理。在实践中，有人认为，为了防止自己的答辩意见过早地让对方知道，使对方有充足的时间应对、辩驳，从而使自己在法庭辩论中处于被动地位，因此他们虽然也准备好了答辩状，但只是在开庭审理时突然讲出来，再把答辩状交到法院。不管怎样，不答辩对自己不利，这是毫无疑问的。至于早答辩还是晚答辩，是先交答辩状还是后交答辩状，这无关紧要。但是一般来讲，应当及时交出答辩状。因为如果自己一方确实有理，则不怕对方怎样充分准备。

答辩状是与起诉状相对应的一种文书。写答辩状应当注意以下几点：一要有针对性。答辩状应当围绕起诉状中原告的诉讼请求展开，有理有据加以应对，一一反驳原告的诉讼请求，不要出现答非所问的现象。

二要有客观依据。答辩状要围绕自己的主张，依据事实和法律进行答辩，不要毫无根据地空发议论，更不能用讽刺挖苦或者带有刺激性的语言来答辩。

三要及时提出反诉请求。在写答辩状时，应当充分考虑是否可以提起反诉。反诉是指在已经提起的诉讼中，被告以本诉的原告为被告，向人民法院提出与本诉有直接联系的独立的诉讼请求。如果用反诉达到排斥、吞并对方诉讼请求的目的，效果会更好。当然，反诉与答辩有根本区别。答辩，是针对原告或上诉人向人民法院递交的起诉状或上诉状中提出的问题，依据事实和法律所进行的辩驳。反诉则是一个新的诉讼请求，只是因为与本案有关联被称之为反诉，反诉成立后，它不因本诉的撤回而终结，也不因原告放弃诉讼请求而失效，具有独立性。

8 什么是反诉？提起反诉应当满足什么条件？

反诉，是指在已经提起的诉讼中，被告针对与原诉有联系的行为，提起独立诉讼请求的行为。反诉，是被告的一项重要诉讼权利，它是被告用来保护自己合法权益的一种特殊手段。但提起反诉是有条件的，其条件是：

（1）反诉必须针对原告提起，而不能对原告以外其他人提起。

（2）只能向审理本诉的法院提起。

（3）提起的时间，必须在本诉起诉之后至合议庭评议之前。

（4）反诉提出的问题必须与本诉有牵连的关系。如原告起诉离婚，被告可以提出反诉，请求法院确认婚姻关系本来就无效；原告起诉要求被告按买卖合同交货，被告可以提起反诉说合同本身无效，要求依法撤销等。反诉的目的，在于抵销、吞并本诉，使本诉失去作用，使原告的起诉失去实际意义。如果两种事实没有牵连，如原告起诉，请求法院确认被告居住的房屋所有权是他的，被告又要求原告必须偿还欠款。这两个问题没有联系，被告提出还债问题不是反诉，如有必要，应另案起诉。被告提出反诉后，原告提起的诉讼为本诉。反诉和本诉同时存在，可合并审理，但应分别审查、判处。每一方当事人，既是原告，又是被告，既享有原、被告的权利，又承担原、被告的义务。除了民事案件、经济案件中的被告有权提起反诉外，刑事自诉案件中的被告人也有权提起反诉。

9 发生合同纠纷后，当事人应当向哪一个法院提起诉讼？

发生合同纠纷后，提出起诉一方当事人首先要确定到哪个法院起诉，这就是民事诉讼法上的“管辖”问题。民事诉讼的管辖分为级别管辖和地域管辖。级别管辖是指由哪一级法院管辖，地域管辖是指由何地法院管辖。

根据我国民事诉讼法律的有关规定，基层人民法院（即各区、县人民法院）管辖一般的案件，即法律没有特别规定的一审案件。中级人民法院管辖重大涉外案件、在本辖区有重大影响的案件、最高人民法院确定由中级人民法院管辖的案件。高级人民法院管辖在本辖区有重大影响的第一审民事案件。在司法实践中，一般是按照诉讼标的金额的大小划分具体由哪一个级别的人民法院管辖。

在地域管辖方面，因合同纠纷引起的案件适用“原告就被告”的原则，一般应当由被告住所地或者合同履行地的人民法院管辖。被告住所地与经常居住地不一致的，由经常居住地人民法院管辖。住所地，指公民的户籍所在地；经常居住地，指公民离开住所地连续居住 1 年以上的地方。但公民住院就医的地方除外。对有关合同纠纷，《民事诉讼法》和《最高人民法院关于适用〈中华人民共和国民事诉讼法〉若干问题的意见》都作出了具体规定：因保险合同纠纷提起的诉讼，由被告住所地或者保险标的物所在地人民法院管辖。因票据纠纷提起的诉讼，由票据兑付地或者被告住所地人民法院管辖。因铁路、公路、水上、航空运输和联合运输合同纠纷提起的诉讼，由运输始发地、目的地或者被告住所地人民法院管辖。购销合同的双方当事人在合同中对交货地点有约定的，以约定的交货地点为合同履行地；没有约定的，依交货方式确定合同履行地；采用送货方式的，以货物送达地为合同履行地；采用自提方式的，以提货地为合同履行地；代办托运或按木材、煤炭送货办法送货的，以货物发运地为合同履行地。购销合同的实际履行地点与合同中约定的交货地点不一致的，以实际履行地点为合同履行地。加工承揽合同，以加工行为地为合同履行地，但合同中对履行地有约定的除外。财产租赁合同、融资租赁合同以租赁物使用地为合同履行地，但合同中对履行地有约定的除外。补偿贸易合同，以接受投资一方主要义务履行地为合同履行地。因保险合同纠纷提起的诉讼，如果保险标的物是运输工具或者运输中的货物，由被告住所地或者运输工具登记注册地、运输目的地、保险事故发生地的人民法院管辖。铁路运输合同纠纷及与铁路运输有关的侵权纠纷，由铁路运输法院管辖。

因合同纠纷提起的诉讼，如果合同没有实际履行，当事人双方住所地又都不在合同约定的履行地的，应由被告住所地人民法院管辖。

10 合同当事人可不可以自行协商确定管辖法院?

我国《民事诉讼法》第25条规定:"合同的双方当事人可以在书面合同中协议选择被告住所地、合同履行地、合同签订地、原告住所地、标的物所在地人民法院管辖,但不得违反本法对级别管辖和专属管辖的规定。"依该规定,在我国,合同纠纷可以由当事人协商对管辖进行约定,此称之为协议管辖。

但是,当事人并不能完全自由约定管辖法院,协议管辖必须符合下列条件:

(1)在审级上,协议管辖仅适用于第一审民事案件。即当事人只可以选择一审法院,不能协议确定二审法院,再审或者重审也应当根据法律规定确定管辖法院,当事人不能协商确定。

(2)在管辖类型上,协议管辖不得违反专属管辖和级别管辖的规定。专属管辖是法律明确规定的,如因不动产纠纷提起的诉讼,由不动产所在地人民法院管辖,因港口作业中发生纠纷提起的诉讼,由港口所在地人民法院管辖,因继承遗产纠纷提起的诉讼,由被继承人死亡时住所地或者主要遗产所在地人民法院管辖。因此,当事人的约定不能违反法律的上述明文规定。同时,当事人也不能协议变更级别管辖,不得自行协议将原来由下级法院管辖的案件约定由上级法院管辖,也不得将原来由上级法院管辖的案件约定由下级法院管辖。

(3)在表现形式上,协议管辖必须以书面合同的形式约定,用口头形式约定管辖法院的,其约定无效。

(4)在选择法院上,协议管辖法院的选择范围仅限于被告住所地、合同履行地、合同签订地、原告住所地、标的物所在地的人民法院。而且对于具体是由哪一个法院进行管辖，当事人必须作出确定的、惟一的选择，不能含糊不清，更不能协议选择两个以上管辖法院，否则协议无效。

11 打合同纠纷的官司法院收取诉讼费的标准是如何规定的？

根据《民事诉讼法》第 107 条的规定，当事人进行民事诉讼，应当按照规定交纳案件受理费。财产案件除交纳案件受理费外，并按照规定交纳其他诉讼费用。

（1）案件受理费。

财产案件的案件受理费按争议的价额或金额，照下列比例交纳：

①不满 1000 元的，每件交 50 元；

②超过 1000 元至 5 万元的部分，按 4% 交纳；

③超过 5 万元至 10 万元的部分，按 3% 交纳；

④超过 10 万元至 20 万元的部分，按 2% 交纳；

⑤超过 20 万元至 50 万元的部分，按 1.5% 交纳；

⑥超过 50 万元至 100 万元的部分，按 1% 交纳；

⑦超过 100 万元的部分，按 0.5% 交纳。

（2）其他诉讼费用。

人民法院除了向当事人收取案件受理费外，还应收取在审理案件及处理其他事项时实际支出的费用。《人民法院诉讼收费办法》第 2 条规定，财产案件、行政案件的当事人，除向人民法院交纳案件受理费外，还应当交纳下列费用：①勘验、鉴定、公告、翻译（当地通用的民族语言、文字除外）费；②证人、鉴定人、翻译人员在人民法院决定日期出庭的交通费、

住宿费、生活费和误工补贴费；③采取诉讼保全措施的申请费和实际支出的费用；④执行判决、裁定或者调解协议所实际支出的费用。此外，还包括人民法院认为应当由当事人负担的其他诉讼费用。

具体来讲，每一个合同官司，都先由原告预交受理费，当事人交纳诉讼费用确有困难的，可以按照规定向人民法院申请缓交、减交或者免交。在案子审判完毕后，案件受理费用最终将由败诉方承担。如果原告部分胜诉，则诉讼费按比例分担。法院在作出的判决书里都会明确原告、被告各自应当承担的诉讼费用。

其他诉讼费用是依法由当事人承担的、在诉讼中实际支出的费用，包括勘验费，鉴定费，公告费，翻译费，证人出庭的费用，采取诉讼保全措施实际支出的费用，执行判决、裁定或者调解协议所实际支出的费用。一般先由人民法院根据情况由申请人预交一定的金额，也可以随时要求当事人交纳。

12 法律对缴纳诉讼费用有哪些规定？

原告起诉时，要在接到缴费通知次日起 7 日内预交诉讼费；被告提出反诉时，要在提交反诉状时预交诉讼费；申请诉讼保全、证据保全的，要在申请时预交诉讼费；提起上诉的，上诉人要在提交上诉状时预交，双方当事人都提出上诉的，由上诉的双方当事人分别预交。当事人在预交期内未预交受理费、上诉费，又不提出缓交申请的，按自动撤诉处理。

如果原告无力支付诉讼费，就可以考虑申请司法救助。所谓司法救助，是指人民法院对于民事、行政案件中有充分理由证明自己合法权益受到侵害但经济确有困难的当事人，实行诉讼费用的缓交、减交、免交。所谓缓交，是指当事人经济上确有困难，暂时无力交纳诉讼费用，向人民法院申请延缓交纳的时间，待有能力时交纳。所谓减交，是指当事人经济上确有困难，无力交纳全部诉讼费用，经申请后，人民法院准予适当减少应交纳的诉讼费用。所谓免交，是指当事人经济上确有困难，无力交纳诉讼费用，经申请后，人民法院准予不交纳诉讼费用。

13 承包企业在承包期间发生的合同纠纷该如何确定诉讼主体？

2003 年 10 月至 2004 年 5 月间，冯某承包经营某大厦开办的超市，双方在承包合同中约定：在合同期间及合同解除后，冯某产生的债权债务由冯某全权负责，大厦概不承担。冯某实行自主经营、自主分配、自负盈亏、单独核算、统一管理。其间，冯某因经营需要，向李某借了 5 万元钱用于超市经营，并由冯某聘用的会计给李某出具了收据一张，约定月息 1%，并加盖了被告的私章。冯某承包经营期间，该笔债务的利息已结清，承包期满后，该笔债务的利息又由被告支付 3000 元。对借款本金和尚欠利息，李某经催要未果后，于 2004 年 7 月将冯某诉至法院，要求偿还借款本息。庭审中，冯某对借款数额无异议，但主张其做诉讼主体不适格。称该借款是超市经营用的，其与大楼签订了内部承包合同，此款应由超市偿还。那么冯某的主张有法律依据吗？

根据《最高人民法院全国经济审判工作座谈会议纪要》关于承包企业在承包期间发生的债务纠纷如何确定诉讼主体和承担责任的问题中规定：“发生诉讼时，原承包合同已经期满，或被依法解除，原承包人没有按承包合同约定交付承包金或按照合同约定，承包人对其承包期间的债务应当承担责任的，可以企业为被告，企业要求按承包合同的约定由承包人承担责任的，可将原承包人列为第三人参加诉讼。由企业向对方当事人承担责任，由承包人按照承包合同向企业承担责任。”本案中，被告李某在承包超市期间，将借款用于超市经营，并由被告出具了有超市会计签名并加盖被告私章的借据一张，其履行的是经营超市的职务行为，因该超市不具备独立法人资格，其隶属于大楼，被告在承包期间已与大厦约定经营期间的债务由其承担。依据上述规定，原告应向大楼主张权利，被告李某不具备本案的诉讼主体资格。但在本案的审理过程中，可将冯某列为第三人参加诉讼。在大厦归还李某的欠款后，可以依据承包合同要求冯某承担责任。

14 合同的保证人能否作为共同被告？

对于因为保证合同而产生的纠纷，债权人向保证人和被保证人一并主张权利的，人民法院应当将保证人和被保证人列为共同被告；债权人仅起诉保证人的，除保证合同明确约定保证人承担连带责任的外，人民法院应当通知被保证人作为共同被告参加诉讼；债权人仅起诉被保证人的，可只列被保证人为被告。

15 合同纠纷案件中当事人应当如何举证？

根据民事诉讼法举证责任的规定，在一般情况下，实行“谁主张谁举证”的原则，即当事人对自己提出的主张，有责任提供证据，没有证据或者证据不足以证明当事人的事实主张的，由负有举证责任的当事人承担不利后果。在合同纠纷案件中，主张合同关系成立并生效的一方当事人对合同订立和生效的事实承担举证责任；主张合同关系变更、解除、终止、撤销的一方当事人对引起合同关系变动的事实承担举证责任。对合同是否履行发生争议的，由负有履行义务的当事人承担举证责任。对代理权发生争议的，由主张有代理权一方当事人承担举证责任。

在发生合同纠纷后，当事人及其诉讼代理人应当围绕以下几个方面提供证据：

(1) 签订合同的主体是否具有法人资格，或者合法经营资格的证据材料，以及合同签订人是否具有代理人资格和代理权限的证据材料。

(2) 提供合同书原件，以便查明该合同内容是否合法，主要条款是否明确、齐全。

(3) 提供该合同是否履行了法定的审批手续的证据材料。

(4) 提供对方当事人违约造成合同不能履行或者不能完全履行的证据材料。

(5) 提供对方当事人不履行或者不适当履行合同给自己造成损失后果的证据材料。

(6) 提供对方当事人擅自变更、解除合同的证据，以及由此给自己造成的损失。

当事人提供证据材料时，应当对其提交的证据材料逐一分类编号，对证据材料的来源、证明对象和内容作简要说明，签名盖章，注明提交日期，并依照对方当事人人数提出副本。人民法院收到当事人提交的证据材料，应当出具收据，注明证据

的名称、份数和页数以及收到的时间，由经办人员签名或者盖章。

16 什么是举证期限？当事人逾期提供证据会有什么法律后果？

举证期限是为了便利诉讼的进行而确定的当事人完成举证行为的期限。举证期限可以由当事人协商一致，并经人民法院认可。由人民法院指定举证期限的，指定的期限不得少于30日，自当事人收到案件受理通知书和应诉通知书的次日起计算。在举证期限内不提交证据材料的，视为放弃举证权利。对逾期提交的证据材料，除对方当事人同意质证外，法院审理时不组织质证。

当事人在举证期限内提交证据材料确有困难的，应在举证期限内向法院申请延期举证，是否准许则由法院决定。

17 当事人可以申请人民法院调取哪些证据？

在合同纠纷诉讼进行过程中，当事人对于符合下列条件之一的证据，当事人及其诉讼代理人可以申请人民法院调查收集：（1）申请调查收集的证据属于国家有关部门保存并须人民法院依职权调取的档案材料；（2）涉及国家秘密、商业秘密、个人隐私的材料；（3）当事人及其诉讼代理人确因客观原因不能自行收集的其他材料。

当事人及其诉讼代理人申请人民法院调查收集证据，应当提交书面申请。申请书应当载明被调查人的姓名或者单位名称、住所地等基本情况、所要调查收集的证据的内容，需要由人民法院调查收集证据的原因及其要证明的事实。当事人及其诉讼代理人申请人民法院调查收集证据，不得迟于举证期限届满前7日。人民法院对当事人及其诉讼代理人的申请不予准许的，应当向当事人或其诉讼代理人送达通知书。当事人及其诉讼代理人可以在收到通知书的次日起3日内向受理申请的人民法院书面申请复议一次。人民法院应当在收到复议申请之日起5日内作出答复。

18 在合同纠纷诉讼中，当事人申请鉴定应当在什么时间内提出？

在合同纠纷诉讼中，当遇到合同的真伪问题或者签章的时间说法不一致时，就会涉及司法鉴定，根据最高人民法院《关于民事诉讼证据的若干规定》第25条的规定，当事人申请鉴定，应当在举证期限内提出。也就是人民法院发给当事人的举证通知书中指定的举证期限内提出。

对需要鉴定的事项负有举证责任的当事人，在人民法院指定的期限内无正当理由不提出鉴定申请或者不预交鉴定费用或者拒不提供相关材料，致使对案件争议的事实无法通过鉴定结论予以认定的，应当对该事实承担举证不能的法律后果。当事人申请鉴定经人民法院同意后，由双方当事人协商确定有鉴定资格的鉴定机构、鉴定人员，协商不成的，由人民法院指定。

19 在何种情况下，当事人可以要求重新鉴定？

当事人对人民法院委托的鉴定部门作出的鉴定结论有异议申请重新鉴定，提出证据证明存在下列情形之一的，人民法院应予准许：（1）鉴定机构或者鉴定人员不具备相关的鉴定资格的；（2）鉴定程序严重违法的；（3）鉴定结论明显依据不足的；（4）经过质证认定不能作为证据使用的其他情形。

对有缺陷的鉴定结论，可以通过补充鉴定、重新质证或者补充质证等方法解决的，不予重新鉴定。

一方当事人自行委托有关部门作出的鉴定结论，另一方当事人有证据足以反驳并申请重新鉴定的，人民法院应予准许。

20 向法院起诉有时间要求吗？

俗话说：有理走遍天下，无理寸步难行。在合同纠纷中，有些当事人自恃自己有理有据，官司肯定能赢，迟迟不诉诸法律救济自己的权利，岂不知这样做的后果是很严重的，因为诉讼时效制度的存在，有可能使有理的当事人却不能打赢官司。要知道向法院起诉是有时间要求的，当事人必须在一定的时间内向法院起诉才能打赢官司。

诉讼时效制度是指权利人在一定期间内不行使权利，即丧失依诉讼程序保护自己权利的可能性的制度。在我国一般理解为，过了诉讼时效期间，当事人不再有胜诉权。也就是说，法院即使受理了诉讼，也不可能判决债权人胜诉。由此可见，诉讼时效与债权人能否切实维护自己的利益密切相关，不可等闲视之。我国民法通则明确规定，一般情况下，当事人向人民法院请求保护民事权利的诉讼时效期间为 2 年，也就是说，普通诉讼时效期间为 2 年。合同案件的诉讼时效期间一般也为 2 年。不过根据《合同法》第 129 条的规定，因国际货物买卖合同和技术进出口合同争议提起诉讼或者仲裁的期限为 4 年。

诉讼时效期间自受害人知道或应当知道自己权利被侵害时

起计算。所谓知道或应当知道权利被侵害时，在合同案件中，就是指债权人知道债务人没有依照合同的约定履行债务的时候。

诉讼时效可因法定事由而中止、中断和延长：

（1）诉讼时效中止，即指在时效进行中，因出现了法定事由，致使权利人不能行使权利，法律规定暂时停止时效期间的进行，待阻碍时效进行的事由消除后，时效继续进行，已经经过的时效期间仍然有效，而其中暂停的一段时间不计入诉讼时效期间之内。依《民法通则》第 139 条的规定，法定事由发生或存在于时效期间的最后 6 个月内，才会引起诉讼时效中止。这些法定事由有：①不可抗力，即不能预见、不能避免并不能克服的客观情况，如地震、台风、战争、军事行动等；②其他障碍，即除不可抗力外使权利人无法行使请求权的客观情况，如权利人因疾病或意外事故一时无法行使请求权、被侵害的未成年人无法定代理人等。

（2）诉讼时效中断，即指在时效进行中，因一定事由的发生而阻碍时效的进行，致使以前经过的时效期间归于无效，从中断时起，诉讼时效期间重新计算。依《民法通则》第 140 条的规定，时效中断的事由有：①权利人起诉。权利人依法定程序向法院起诉后时效一般即告中断，但原告起诉后被法院通知不予受理、裁定驳回起诉或原告自动撤诉的，视为没有起诉，不发生时效中断的后果；如果此时原告的起诉副本已经送达给被告，则应视为诉讼外的请求，时效同样应当中断。②权利人提出赔偿要求，通过一定方式（口头或书面）要求对方履行赔偿义务。③义务人承认、同意履行义务。

（3）诉讼时效延长，即指在诉讼时效期间届满后，权利人有正当理由而耽误提出赔偿请求，经人民法院同意后，对已经完成的时效期间予以延长。这是一项保护当事人权利的措施。法律没有明确规定在哪些特殊情况下可以延长时效，实践中一般认为邮政差错、受害人居住在国外等，可视为特殊情况。

另外，法律上还有长期诉讼时效的规定。依《民法通则》第137条的规定，如果受害人不知道自己的权利受到损害，或者即使知道却无从行使权利（如侵害人躲藏起来以逃避债务），权利人因而没能提出诉讼请求，那么，“从权利被侵害之日起超过二十年的，人民法院不予保护”。

当然，超过诉讼时效期间后，虽然债权人无法通过法院强制债务人履行债务，但是如果债务人自愿履行的，不受诉讼时效的限制。

21 法院审理合同纠纷案件的期限有多长？

无论是一审还是二审，法院审理案件的时间法律是有明确规定的，人民法院审理合同纠纷案件，也必须在法律规定的时间内结案。

对于第一审程序而言，有三种不同的程序，即普通程序、简易程序和特别程序。普通程序就是人民法院审理第一审民事、经济、行政、刑事案件时间，最常用的普通的审判程序，也是最完整的审判程序。简易程序是与普通程序相对应的审判程序，它由基层人民法院和它派出的人民法庭审理简单的或者特殊类型的民事案件所适用的一种简化了的普通程序。特别程序是由民事诉讼法规定的审理选民资格案件、宣告失踪案件、宣告死亡案件、认定公民无民事行为能力或者限制民事行为能力案件以及认定财产无主的案件时所适用的一种特殊程序。由于适用这三种程序所审理案件的难度不同，所以，法律对案件的审理期限也就有不同的规定。

按照普通程序审理的案件，人民法院应当在立案以后6个月内审结。因为特殊情况不能结案需要延长的，必须经过本法院的院长批准，可以延长6个月。如果还需要延长，应当报请上级人民法院批准。人民法院审理的海事案件、涉外民事案件，不受上述时间的限制。

依照简易程序审理的案件，人民法院应当在立案以后3个月内审结。有特殊情况需要延长的，必须报请本院院长批准。

按照特别程序审理的案件，宣告失踪、宣告死亡、认定财产无主的案件，人民法院应当在公告期满以后30日内结案。有特殊情况需要延长的，必须经过本院院长批准。认定公民无民事行为能力、限制行为能力的案件，人民法院应当在立案后的30日内审结。有特殊情况需要延长的，必须报请本法院的院长批准。选民资格案件，人民法院必须在选举前审理，在投票前审结。选民资格案件的审限不能延长。

第二审人民法院审理上诉案件，应当在立案之日起3个月内审结。因为特殊原因，在3个月内不能结案，可以报请本院院长批准延长。第二审人民法院发回重审的案件，其审理期限应当依照普通程序的审限执行。

人民法院依照审判监督程序审理的案件，如果原来是一审的，其审限同于一审普通程序的审限，即应当在决定再审之日起6个月内结案。有特殊情况需要延长的，必须由本院院长批准延长。如果原来是二审的，或者是上级人民法院提审的，其审限同于二审案件的审限，即应当在决定再审之日起3个月内

结案，因为特殊情况需要延长的，由本院院长批准。

22 怎样计算上诉期间？

民事诉讼中的期间，是指人民法院、当事人及其他诉讼参与人进行诉讼行为的期限。民事诉讼法规定期间的目的在于保证诉讼主体及时行使诉讼权利，履行诉讼义务，节省时间、人力和物力，使诉讼活动正常进行，使纠纷能够得到尽快的解决。依据法律规定，当事人不服地方人民法院第一审判决的，有权在判决书送达之日起 15 日内向上一级人民法院提起上诉。当事人不服地方人民法院第一审裁定的，有权在裁定书送达之日起 10 日内向上一级人民法院提起上诉。那么该如何计算 15 天、10 天的上诉期间呢？

期间以时、日、月、年计算。期间开始的时和日不计算在期间内，期间届满之日适逢节假日的，以节假日后第一日为期间届满的日期。例如当事人 2005 年 10 月 8 日接到第一审判决书，那么应当从 10 月 9 日起算，到 10 月 24 日为止为上诉期间，如果 10 月 24 日为法定节假休息日，则顺延至节假日届满的第一个工作日。期间不包括在途期间，诉讼文书在期间届满前交邮，在期间届满以后收到的，不算过上诉期。

23 当事人应如何提起上诉？应注意什么问题？

如果当事人对人民法院作出的一审判决、裁定不服，可以向上一级人民法院提出上诉。上诉必须在法定的时限内提出。判决书的上诉期限是送达之日起的 15 日内，裁定书的上诉期限是送达之日起的 10 日内，这个期限自收到判决书或裁定书后的第二日起算。如果各方当事人收到判决书或裁定书的日期不同，上诉期限从各自收到判决书或裁定书的次日起算。期间届满的最后一日是法定节假日的，以法定节假日后的第一个工作日为期间届满的日期。

如果在法定期限内，双方当事人都没有提出上诉，那么一审裁判即发生法律效力，而只要有一方当事人在上诉期间提出上诉一审裁判就不发生效力。

需要注意的是，只要没提出上诉，法院就视为已经同意原判，对未上诉方在二审中提出的变更一审法院判决的请求可以不予考虑。因此，到底上诉还是不上诉，关键在于对于一审判决是否同意，不能有只要对方提出上诉，启动了上诉程序，自己一方就可以在二审中提出不同于一审判决的要求的想法。

要提出上诉，同样要先写上诉状。书写上诉状时要注意指明是对原判全部还是哪一部分不服。上诉状应当明确写明具体诉讼请求，是要撤销原判、全部改变原判还是部分变更原判。上诉理由主要是针对原审裁判所认定的事实和理由而言，而不是针对对方当事人所主张的事实和理由。针对原审判决、裁定不服的理由，主要是以下方面：（1）原审认定事实不清，主要证据不足；（2）原审适用法律不当；（3）原审违反了法定程序。

上诉要交纳上诉费。上诉人必须在递交上诉状的次日起 7 日内，按照法院缴费通知书的要求，到指定银行交纳诉讼费用。如果交费确实有困难的，可以申请缓、减、免交。逾期未交纳诉讼费用，而且又没有申请缓、减、免交，或者虽然申请但未获法院批准，仍不交纳诉讼费的，法院会按照撤回上诉处理。

24 怎样写上诉状？

合同纠纷案件的双方当事人，对人民法院作出的一审判决、裁定如果不服，都可以在法定的期限内提出上诉，提出上诉要交上诉状，上诉状既是民事诉讼当事人不服人民法院作出的一审裁判的“声明”，也是第二审人民法院开始第二审程序的依据。民事上诉状是民事诉讼当事人向第二审人民法院提交的请求依法撤销或变更原审裁判的法律文书。按照最高人民法院规定的格式，民事上诉状要包括以下几部分内容：

（1）首部。要写明标题，即“上诉状”。

（2）正文部分。这是上诉状的核心部分，在这部分里，包括以下几部分内容：①当事人栏。要按照上诉人、被上诉人、第三人的先后顺序列出他们的基本情况。②在上诉状中，对当事人的称谓应当标清楚，即表明他们在原审诉讼中的地位。例如“上诉人（原审被告）”，或者“被上诉人（原审原告）”。③当事人是自然人的，要写明其姓名、性别、年龄、民族、职业或者工作单位和职务、住所。当事人是法人的，要写明法人的名称和住所，并且写明法定代表人及其姓名和职务。当事人是不具备法人资格的组织或起字号的个人合伙的，要写明其名称或者字号和住所，并且要写明主要负责人的姓名和职务。当事人是工商户的，要写明业主的姓名、性别、年龄、民族、住所；起有字号的，在其姓名之后，用括号注明“系（字号）业主”。④当事人为法定代表人或者诉讼代理人的，应列项写明其姓名、性别、职业或者工作单位和职务、住所，并且在姓名之后，用括号注明其与当事人的关系，如果诉讼代理人是律师，只写其姓名、工作单位和职务。

（3）案由。在这部分里，依次写明案由、原审人民法院名称、原判决或者裁定时间、文书的字号以及裁判文书的名称，提出上诉的内容。

（4）上诉请求。在这一部分中，依次写明以下三项内容：①首先要简明扼要地介绍一下案情全貌，使看诉状的人知道本案是怎么一回事。接着写明原裁判的结果，即结论内容。②要写明对原裁判哪一部分不服，是只对某一部分不服，还是对全部判决内容不服。③要写明具体的请求目的，是要求撤销原审裁判，全部改判原审的处理决定，还是要求对原审裁判部分变更。上诉请求要写得明确、具体、详细。直接表达上诉的目的，切忌含糊其词，不能说："请求上级法院予以照顾，适当变更原判"、"请求上级法院依法作出公正判决"，或者是"请求上级法院给我做主"等这类不明确的空话。

（5）上诉理由。上诉状中的上诉理由，要针对原审裁判说话，而不是针对对方当事人。

25 怎样申请执行？

打过官司的人都知道，官司胜了只是从法律上确认了自己的权利，但是要将判决书的内容变为现实就需要执行判决。一般而言，对发生法律效力的法律文书，当事人必须履行，但现实生活中往往有人拒不履行判决书的内容并且销声匿迹了。但法院的判决不是儿戏。对于拒不履行判决的被执行人，胜诉一方可以向有管辖权的人民法院申请强制执行。强制执行是指人民法院依照法定程序，对生效法律文书确定的内容，运用国家强制力，依法采取执行措施，强制负有义务的当事人履行义务的行为。可以向法院申请强制执行的除了法院作出的判决、裁

定外，还包括生效的调解书、支付令、仲裁裁决、经公证具有强制执行效力的债权文书。

如果申请执行的是发生法律效力的民事判决、裁定，应向第一审人民法院提出；如果申请执行的是发生法律效力的调解书、支付令，应向做出调解书、支付令的法院提出；如果申请执行的是仲裁裁决、经公证具有强制执行效力的债权文书，应向被执行人住所地或被执行人财产所在地人民法院提出。

请求法院执行的申请要在规定的期限内提出，超过期限的申请，法院就不会受理。我国《民事诉讼法》第215条规定："申请执行的期间为二年。申请执行时效的中止、中断，适用法律有关诉讼时效中止、中断的规定。"上述期限"从法律文书规定履行期间的最后一日起计算；法律文书规定分期履行的，从规定的每次履行期间的最后一日起计算；法律文书未规定履行期间的，从法律文书生效之日起计算。"因此，申请执行可千万别过了期限。

向法院申请执行，要备好下列材料：（1）申请执行书；（2）作为执行根据的生效法律文书；（3）申请执行人的身份证明（自然人的身份证、法人的营业执照等）；（4）如果是继承人或者权利承受人申请执行的，应当提交继承或者承受权利的证明文件。

在此需要注意的是，在申请执行书中应列明申请人、被申请人、执行依据，并提供被执行人的经济状况以及可供执行财产的线索等，这对法院的执行工作会提供切实有效的帮助。

法院受理执行案件后，会向被执行人发出执行通知，责令其在指定的期间履行。被执行人逾期不履行的，法院可采取强制执行措施。法院的执行措施包括：冻结、划拨存款、扣留、提取收入；查封、扣押、拍卖、变卖财产；搜查隐匿财产；强制迁出房屋、强制退出土地等。

26 申请执行要交执行费吗？

根据最高人民法院《关于人民法院执行工作若干问题的规定（试行）》第23条的规定，申请人民法院强制执行，应当按照人民法院诉讼收费办法的规定缴纳申请执行的费用。

《人民法院诉讼收费办法》以及《〈人民法院诉讼收费办法〉补充规定》第8条规定，申请执行等费用按下列标准交纳：

（一）申请执行案件，执行金额或价额在1万元以下的，每件交纳50元；超过1万元至50万元的部分，按1.5%交纳；超过50万元的部分，按0.1%交纳。

（二）申请诉讼保全措施，保全财产的金额或者价额不满1000元的，每件交纳30元；超过1000元至10万元的部分，按1%交纳；超过10万元的部分，按0.5%交纳。

（三）海事海商案件，申请扣押船舶的，每件交纳1000元至5000元；申请债权登记的，每件交纳500元；申请留置货物、燃料的，每件交纳500元；申请船东责任限制的，按申请限制数额的0.1%交纳，但最低不少于500元。

申请执行的费用，由申请人在向法院提出申请执行的请求时预交。申请执行人是申请执行费的预交人，但他并不是申请执行费的负担人。申请执行费和执行中实际支出的费用由拒不自觉履行人民法院有效裁判文书的被执行人负担。

27 对于设定抵押的房屋可以强制执行吗？

最高人民法院曾发布一份《关于人民法院民事执行中查封、扣押、冻结财产的规定》，从 2005 年 1 月 1 日起正式生效后，曾经引起了银行界的极大震动。这主要是因为该规定第 6 条直接涉及到了房贷："对被执行人及其所扶养家属生活必需的居住房屋，人民法院可以查封，但不得拍卖、变卖或者抵债。"这无疑对银行实现抵押权产生一定影响。但该规定第 7 条规定："对于超过被执行人及其所扶养家属生活所必需的房屋和生活用品，人民法院根据申请执行人的申请，在保障被执行人及其所扶养家属最低生活标准所必需的居住房屋和普通生活必需品后，可予以执行。"这也为银行实现抵押权提供了可能。但由于没有从根本上解决具体"最低生活标准所必需的居住房屋和普通生活必需品"的范围、标准和期限等问题，这给执行法官相当大的自由裁量空间，而且为银行行使抵押权设置了前置性义务，增加了抵押物处置的难度和成本。在解释该条款时，最高人民法院甚至明确指出"即使房屋已设定抵押，只要属被执行人及其所扶养家属必须居住的，也不得执行"。

针对以前的规定在实际操作中发现的一些问题，新近颁布的最高人民法院《关于人民法院执行设定抵押的房屋的规定》对上述问题做了进一步明确且具操作性的规定，依据该司法解释，对于被执行人所有的已经依法设定抵押的房屋，人民法院可以查封，并可以根据抵押权人的申请，依法拍卖、变卖或者抵债。人民法院对已经依法设定抵押的被执行人及其所扶养家属居住的房屋，在裁定拍卖、变卖或者抵债后，应当给予被执行人 6 个月的宽限期。在此期限内，被执行人应当主动腾空房屋，人民法院不得强制被执行人及其所扶养家属迁出该房屋。上述宽限期届满后，被执行人仍未迁出的，人民法院可以作出强制迁出裁定，并按照《民事诉讼法》第229条的规定执行。强制迁出时，被执行人无法自行解决居住问题的，经人民法院审查属实，可以由申请执行人为被执行人及其所扶养家属提供临时住房。申请执行人提供的临时住房，其房屋品质、地段可以不同于被执行人原住房，面积参照建设部、财政部、民政部、国土资源部和国家税务总局联合发布的《城镇最低收入家属廉租住房管理办法》所规定的人均廉租住房面积标准确定。申请执行人提供的临时住房，应当计收租金。租金标准由申请执行人和被执行人双方协商确定；协商不成的，由人民法院参照当地同类房屋租金标准确定，当地无同类房屋租金标准可以参照的，参照当地房屋租赁市场平均租金标准确定。已经产生的租金，可以从房屋拍卖或者变卖价款中优先扣除。但是被执行人属于低保对象且无法自行解决居住问题的，人民法院不应强制迁出。

28 对法院的终审判决不服怎么办？

我国实行二审终审制，经过二审的案件以及一审后过了上诉期的案件当事人不能再行上诉，这些案件作出的判决为终审判决，当事人必须执行。但是当事人对已经发生法律效力的判决、裁定认为有错误的，可以向上一级人民法院申请再审，但不停止判决、裁定的执行。

当事人申请再审，应当在判决、裁定发生法律效力后二年内提出；二年后据以作出原判决、裁定的法律文书被撤销或者变更，以及发现审判人员在审理该案件时有贪污受贿，徇私舞弊，枉法裁判行为的，自知道或者应当知道之日起三个月内提出。

按照审判监督程序决定再审的案件，裁定中止原判决的执行。裁定由院长署名，加盖人民法院印章。

如果过了两年期限，可以向原审人民法院及其上一级人民法院申诉，也可以向与上述法院相对应的人民检察院申诉。如发现申诉有理的，由法院院长提交审判委员会讨论决定是否再审，或者由人民检察院提起抗诉。

29 当事人的申请符合什么条件的，人民法院才会决定再审？

再审程序的启动需要具备一定的条件，并不是只要当事人申诉，人民法院就必须再审。法院接到当事人的申诉以后，要进行全面审查。既要审查申诉书，又要审查人民法院已经生效的裁判文书。依据民事诉讼法的规定，当事人的申请符合下列情况之一的，人民法院才能立案再审：

（一）有新的证据，足以推翻原判决、裁定的；

（二）原判决、裁定认定的基本事实缺乏证据证明的；

（三）原判决、裁定认定事实的主要证据是伪造的；

（四）原判决、裁定认定事实的主要证据未经质证的；

（五）对审理案件需要的证据，当事人因客观原因不能自行收集，书面申请人民法院调查收集，人民法院未调查收集的；

（六）原判决、裁定适用法律确有错误的；

（七）违反法律规定，管辖错误的；

（八）审判组织的组成不合法或者依法应当回避的审判人员没有回避的；

（九）无诉讼行为能力人未经法定代理人代为诉讼或者应

当参加诉讼的当事人，因不能归责于本人或者其诉讼代理人的事由，未参加诉讼的；

（十）违反法律规定，剥夺当事人辩论权利的；

（十一）未经传票传唤，缺席判决的；

（十二）原判决、裁定遗漏或者超出诉讼请求的；

（十三）据以作出原判决、裁定的法律文书被撤销或者变更的。

对违反法定程序可能影响案件正确判决、裁定的情形，或者审判人员在审理该案件时有贪污受贿，徇私舞弊，枉法裁判行为的，人民法院应当再审。

当事人申请再审的，应当提交再审申请书等材料。人民法院应当自收到再审申请书之日起五日内将再审申请书副本发送对方当事人。对方当事人应当自收到再审申请书副本之日起十五日内提交书面意见；不提交书面意见的，不影响人民法院审查。人民法院可以要求申请人和对方当事人补充有关材料，询问有关事项。

人民法院应当自收到再审申请书之日起三个月内审查，符合民事诉讼法第一百七十九条规定情形之一的，裁定再审；不符合的，裁定驳回申请。有特殊情况需要延长的，由本院院长批准。

因当事人申请裁定再审的案件由中级人民法院以上的人民法院审理。最高人民法院、高级人民法院裁定再审的案件，由本院再审或者交其他人民法院再审，也可以交原审人民法院再审。

当事人对已经发生法律效力的调解书，提出证据证明调解违反自愿原则或者调解协议的内容违反法律的，可以申请再审。经人民法院审查属实的，应当再审。

30 打官司的费用负担是怎样规定的?

这里结合《人民法院诉讼收费办法》的规定，对到法院打官司可能涉及的费用负担作一个归纳：

（1）案件受理费由败诉的当事人负担。双方都有责任的，由双方分担。其他诉讼费用，由人民法院根据具体情况，决定当事人双方应负担的金额。

（2）撤诉的案件，其受理费减半，由原告负担。其他诉讼费用，按实际支出收取。

（3）驳回起诉的案件，受理费由起诉的当事人负担。

（4）经过人民法院调解达成协议的案件，诉讼费由双方协商解决；协商不成的，由人民法院决定。经过人民法院调解达成协议的上诉案件，其一、二审的全部诉讼费用负担问题，也按此办法来解决。

（5）申请执行费和执行中的实际支出费用，由被申请人负担。

（6）申请采取财产保全措施的申请费，由败诉方负担。申请人如果败诉，还应当赔偿被申请人因为财产保全所遭受的损失。

（7）当事人交纳诉讼费用确有困难，可以向人民法院申请缓交、减交或者免交。是否缓、减、免，由人民法院审查决定。

附 录

★中华人民共和国合同法（节录）★

（1999 年 3 月 15 日第九届全国人民代表大会第二次会议通过）

第二章 合同的订立

第九条 当事人订立合同，应当具有相应的民事权利能力和民事行为能力。

当事人依法可以委托代理人订立合同。

第十条 当事人订立合同，有书面形式、口头形式和其他形式。

法律、行政法规规定采用书面形式的，应当采用书面形式。当事人约定采用书面形式的，应当采用书面形式。

第十一条 书面形式是指合同书、信件和数据电文（包括电报、电传、传真、电子数据交换和电子邮件）等可以有形地表现所载内容的形式。

第十二条 合同的内容由当事人约定，一般包括以下条款：

（一）当事人的名称或者姓名和住所；

（二）标的；

（三）数量；

（四）质量；

（五）价款或者报酬；

（六）履行期限、地点和方式；

（七）违约责任；

（八）解决争议的方法。

当事人可以参照各类合同的示范文本订立合同。

第三十五条 当事人采用合同书形式订立合同的，双方当事人签字或者盖章的地点为合同成立的地点。

第三十六条 法律、行政法规规定或者当事人约定采用书面形式订立合同，当事人未采用书面形式但一方已经履行主要义务，对方接受的，该合同成立。

第三十七条 采用合同书形式订立合同，在签字或者盖章之前，当事人一方已经履行主要义务，对方接受的，该合同成立。

第三十八条 国家根据需要下达指令性任务或者国家订货任务的，有关法人、其他组织之间应当依照有关法律、行政法规规定的权利和义务订立合同。

第三十九条 采用格式条款订立合同的，提供格式条款的一方应当遵循公平原则确定当事人之间的权利和义务，并采取合理的方式提请对方注意免除或者限制其责任的条款，按照对方的要求，对该条款予以说明。

格式条款是当事人为了重复使用而预先拟定，并在订立合同时未与对方协商的条款。

第四十条 格式条款具有本法第五十二条和第五十三条规定情形的，或者提供格式条款一方免除其责任、加重对方责任、排除对方主要权利的，该条款无效。

第四十一条 对格式条款的理解发生争议的，应当按照通常理解予以解释。对格式条款有两种以上解释的，应当作出不利于提供格式条款一方的解释。格式条款和非格式条款不一致的，应当采用非格式条款。

第四十二条 当事人在订立合同过程中有下列情形之一，给对方造成损失的，应当承担损害赔偿责任：

（一）假借订立合同，恶意进行磋商；

（二）故意隐瞒与订立合同有关的重要事实或者提供虚假情况；

（三）有其他违背诚实信用原则的行为。

第四十三条 当事人在订立合同过程中知悉的商业秘密，无论合同是否成立，不得泄露或者不正当地使用。泄露或者不正当地使用该商业秘密给对方造成损失的，应当承担损害赔偿责任。

第三章　合同的效力

第四十四条 依法成立的合同，自成立时生效。

法律、行政法规规定应当办理批准、登记等手续生效的，依照其规定。

第四十五条 当事人对合同的效力可以约定附条件。附生效条件的合同，自条件成就时生效。附解除条件的合同，自条件成就时失效。

当事人为自己的利益不正当地阻止条件成就的，视为条件已成就；不正当地促成条件成就的，视为条件不成就。

第四十六条 当事人对合同的效力可以约定附期限。附生效期限的合同，自期限届至时生效。附终止期限的合同，自期限届满时失效。

第四十七条 限制民事行为能力人订立的合同，经法定代理人追认后，该合同有效，但纯获利益的合同或者与其年龄、智力、精神健康状况相适应而订立的合同，不必经法定代理人追认。

相对人可以催告法定代理人在一个月内予以追认。法定代理人未作表示的，视为拒绝追认。合同被追认之前，善意相对人有撤销的权利。撤销应当以通知的方式作出。

第四十八条 行为人没有代理权、超越代理权或者代理权终止后以被代理人名义订立的合同，未经被代理人追认，对被代理人不发生效力，由行为人承担责任。

相对人可以催告被代理人在一个月内予以追认。被代理人未作表示的，视为拒绝追认。合同被追认之前，善意相对人有撤销的权利。撤销应当以通知的方式作出。

第四十九条 行为人没有代理权、超越代理权或者代理权终止后以被代理人名义订立合同，相对人有理由相信行为人有代理权的，该代理行为有效。

第五十条 法人或者其他组织的法定代表人、负责人超越权限订立的合同，除相对人知道或者应当知道其超越权限的以外，该代表行为有效。

第五十一条 无处分权的人处分他人财产，经权利人追认或者无处分权的人订立合同后取得处分权的，该合同有效。

第五十二条 有下列情形之一的，合同无效：

（一）一方以欺诈、胁迫的手段订立合同，损害国家利益；

（二）恶意串通，损害国家、集体或者第三人利益；

（三）以合法形式掩盖非法目的；

（四）损害社会公共利益；

（五）违反法律、行政法规的强制性规定。

第五十三条 合同中的下列免责条款无效：

（一）造成对方人身伤害的；

（二）因故意或者重大过失造成对方财产损失的。

第五十四条 下列合同，当事人一方有权请求人民法院或者仲裁机构变更或者撤销：

（一）因重大误解订立的；

（二）在订立合同时显失公平的。

一方以欺诈、胁迫的手段或者乘人之危，使对方在违背真实意思的情况下订立的合同，受损害方有权请求人民法院或者仲裁机构变更或者撤销。

当事人请求变更的，人民法院或者仲裁机构不得撤销。

第五十五条 有下列情形之一的，撤销权消灭：

（一）具有撤销权的当事人自知道或者应当知道撤销事由之日起一年内没有行使撤销权；

（二）具有撤销权的当事人知道撤销事由后明确表示或者以自己的行为放弃撤销权。

第五十六条 无效的合同或者被撤销的合同自始没有法律约束力。合同部分无效，不影响其他部分效力的，其他部分仍然有效。

第五十七条 合同无效、被撤销或者终止的，不影响合同中独立存在的有关解决争议方法的条款的效力。

第五十八条 合同无效或者被撤销后，因该合同取得的财产，应当予以返还；不能返还或者没有必要返还的，应当折价补偿。有过错的一方应当赔偿对方因此所受到的损失，双方都有过错的，应当各自承担相应的责任。

第五十九条 当事人恶意串通，损害国家、集体或者第三人利益的，因此取得的财产收归国家所有或者返还集体、第三人。

第四章 合同的履行

第六十条 当事人应当按照约定全面履行自己的义务。

当事人应当遵循诚实信用原则，根据合同的性质、目的和交易习惯履行通知、协助、保密等义务。

第六十一条 合同生效后，当事人就质量、价款或者报酬、履行地点等内容没有约定或者约定不明确的，可以协议补充；不能达成补充协议的，按照合同有关条款或者交易习惯确定。

第六十二条 当事人就有关合同内容约定不明确，依照本法第六十一条的规定仍不能确定的，适用下列规定：

（一）质量要求不明确的，按照国家标准、行业标准履行；没有国家标准、行业标准的，按照通常标准或者符合合同目的的特定标准履行。

（二）价款或者报酬不明确的，按照订立合同时履行地的市场价格履行；依法应当执行政府定价或者政府指导价的，按照规定履行。

（三）履行地点不明确，给付货币的，在接受货币一方所在地履行；交付不动产的，在不动产所在地履行；其他标的，在履行义务一方所在地履行。

（四）履行期限不明确的，债务人可以随时履行，债权人也可以随时要求履行，但应当给对方必要的准备时间。

（五）履行方式不明确的，按照有利于实现合同目的的方式履行。

（六）履行费用的负担不明确的，由履行义务一方负担。

第六十三条 执行政府定价或者政府指导价的，在合同约定的交付期限内政府价格调整时，按照交付时的价格计价。逾期交付标的物的，遇价格上涨时，按照原价格执行；价格下降时，按照新价格执行。逾期提取标的物或者逾期付款的，遇价格上涨时，按照新价格执行；价格下降时，按照原价格执行。

第六十四条 当事人约定由债务人向第三人履行债务的，债务人未向第三人履行债务或者履行债务不符合约定，应当向债权人承担违约责任。

第六十五条 当事人约定由第三人向债权人履行债务，第三人不履行债务或者履行债务不符合约定，债务人应当向债权人承担违约责任。

第六十六条 当事人互负债务，没有先后履行顺序的，应当同时履行。一方在对方履行之前有权拒绝其履行要求。一方在对方履行债务不符合约定时，有权拒绝其相应的履行要求。

第六十七条 当事人互负债务，有先后履行顺序，先履行一方未履行的，后履行一方有权拒绝其履行要求。先履行一方履行债务不符合约定的，后履行一方有权拒绝其相应的履行要求。

第六十八条 应当先履行债务的当事人，有确切证据证明对方有下列情形之一的，可以中止履行：

（一）经营状况严重恶化；

（二）转移财产、抽逃资金，以逃避债务；

（三）丧失商业信誉；

（四）有丧失或者可能丧失履行债务能力的其他情形。

当事人没有确切证据中止履行的，应当承担违约责任。

第六十九条 当事人依照本法第六十八条的规定中止履行的，应当及时通知对方。对方提供适当担保时，应当恢复履行。中止履行后，对方在合理期限内未恢复履行能力并且未提供适当担保的，中止履行的一方可以解除合同。

第七十条 债权人分立、合并或者变更住所没有通知债务人，致使履行债务发生困难的，债务人可以中止履行或者将标的物提存。

第七十一条 债权人可以拒绝债务人提前履行债务，但提前履行不损害债权人利益的除外。

债务人提前履行债务给债权人增加的费用，由债务人负担。

第七十二条 债权人可以拒绝债务人部分履行债务，但部分履行不损害债权人利益的除外。

债务人部分履行债务给债权人增加的费用，由债务人负担。

第七十三条 因债务人怠于行使其到期债权，对债权人造成损害的，债权人可以向人民法院请求以自己的名义代位行使债务人的债权，但该债权专属于债务人自身的除外。

代位权的行使范围以债权人的债权为限。债权人行使代位权的必要费用，由债务人负担。

第七十四条 因债务人放弃其到期债权或者无偿转让财产，对债权人造成损害的，债权人可以请求人民法院撤销债务人的行为。债务人以明显不合理的低价转让财产，对债权人造成损害，并且受让人知道该情形的，债权人也可以请求人民法院撤销债务人的行为。

撤销权的行使范围以债权人的债权为限。债权人行使撤销权的必要费用，由债务人负担。

第七十五条 撤销权自债权人知道或者应当知道撤销事由之日起一年内行使。自债务人的行为发生之日起五年内没有行使撤销权的，该撤销权消灭。

第七十六条 合同生效后，当事人不得因姓名、名称的变更或者法定代表人、负责人、承办人的变动而不履行合同义务。

第五章 合同的变更和转让

第七十七条 当事人协商一致，可以变更合同。

法律、行政法规规定变更合同应当办理批准、登记等手续的，依照其规定。

第七十八条 当事人对合同变更的内容约定不明确的，推定为未变更。

第七十九条 债权人可以将合同的权利全部或者部分转让给第三人，但有下列情形之一的除外：

（一）根据合同性质不得转让；

（二）按照当事人约定不得转让；

（三）依照法律规定不得转让。

第八十条 债权人转让权利的，应当通知债务人。未经通知，该转让对债务人不发生效力。

债权人转让权利的通知不得撤销，但经受让人同意的除外。

第八十一条 债权人转让权利的，受让人取得与债权有关的从权利，但该从权利专属于债权人自身的除外。

第八十二条 债务人接到债权转让通知后，债务人对让与人的抗辩，可以向受让人主张。

第八十三条 债务人接到债权转让通知时，债务人对让与人享有债权，并且债务人的债权先于转让的债权到期或者同时到期的，债务人可以向受让人主张抵销。

第八十四条 债务人将合同的义务全部或者部分转移给第三人的，应当经债权人同意。

第八十五条 债务人转移义务的，新债务人可以主张原债务人对债权人的抗辩。

第八十六条 债务人转移义务的，新债务人应当承担与主债务有关的从债务，但该从债务专属于原债务人自身的除外。

第八十七条 法律、行政法规规定转让权利或者转移义务应当办理批准、登记等手续的，依照其规定。

第八十八条 当事人一方经对方同意，可以将自己在合同中的权利和义务一并转让给第三人。

第八十九条 权利和义务一并转让的，适用本法第七十九条、第八十一条至第八十三条、第八十五条至第八十七条的规定。

第九十条 当事人订立合同后合并的，由合并后的法人或者其他组织行使合同权利，履行合同义务。当事人订立合同后分立的，除债权人和债务人另有约定的以外，由分立的法人或者其他组织对合同的权利和义务享有连带债权，承担连带债务。

第六章　合同的权利义务终止

第九十一条　有下列情形之一的，合同的权利义务终止：

（一）债务已经按照约定履行；

（二）合同解除；

（三）债务相互抵销；

（四）债务人依法将标的物提存；

（五）债权人免除债务；

（六）债权债务同归于一人；

（七）法律规定或者当事人约定终止的其他情形。

第九十二条　合同的权利义务终止后，当事人应当遵循诚实信用原则，根据交易习惯履行通知、协助、保密等义务。

第九十三条　当事人协商一致，可以解除合同。

当事人可以约定一方解除合同的条件。解除合同的条件成就时，解除权人可以解除合同。

第九十四条　有下列情形之一的，当事人可以解除合同：

（一）因不可抗力致使不能实现合同目的；

（二）在履行期限届满之前，当事人一方明确表示或者以自己的行为表明不履行主要债务；

（三）当事人一方迟延履行主要债务，经催告后在合理期限内仍未履行；

（四）当事人一方迟延履行债务或者有其他违约行为致使不能实现合同目的；

（五）法律规定的其他情形。

第九十五条　法律规定或者当事人约定解除权行使期限，期限届满当事人不行使的，该权利消灭。

法律没有规定或者当事人没有约定解除权行使期限，经对方催告后在合理期限内不行使的，该权利消灭。

第九十六条 当事人一方依照本法第九十三条第二款、第九十四条的规定主张解除合同的，应当通知对方。合同自通知到达对方时解除。对方有异议的，可以请求人民法院或者仲裁机构确认解除合同的效力。

法律、行政法规规定解除合同应当办理批准、登记等手续的，依照其规定。

第九十七条 合同解除后，尚未履行的，终止履行；已经履行的，根据履行情况和合同性质，当事人可以要求恢复原状、采取其他补救措施，并有权要求赔偿损失。

第九十八条 合同的权利义务终止，不影响合同中结算和清理条款的效力。

第九十九条 当事人互负到期债务，该债务的标的物种类、品质相同的，任何一方可以将自己的债务与对方的债务抵销，但依照法律规定或者按照合同性质不得抵销的除外。

当事人主张抵销的，应当通知对方。通知自到达对方时生效。抵销不得附条件或者附期限。

第一百条 当事人互负债务，标的物种类、品质不相同的，经双方协商一致，也可以抵销。

第一百零一条 有下列情形之一，难以履行债务的，债务人可以将标的物提存：

（一）债权人无正当理由拒绝受领；

（二）债权人下落不明；

（三）债权人死亡未确定继承人或者丧失民事行为能力未确定监护人；

（四）法律规定的其他情形。

标的物不适于提存或者提存费用过高的，债务人依法可以拍卖或者变卖标的物，提存所得的价款。

第一百零二条 标的物提存后，除债权人下落不明的以外，债务人应当及时通知债权人或者债权人的继承人、监护人。

第一百零三条 标的物提存后，毁损、灭失的风险由债权人承担。提存期间，标的物的孳息归债权人所有。提存费用由债权人负担。

第一百零四条 债权人可以随时领取提存物，但债权人对债务人负有到期债务的，在债权人未履行债务或者提供担保之前，提存部门根据债务人的要求应当拒绝其领取提存物。

债权人领取提存物的权利，自提存之日起五年内不行使而消灭，提存物扣除提存费用后归国家所有。

第一百零五条 债权人免除债务人部分或者全部债务的，合同的权利义务部分或者全部终止。

第一百零六条 债权和债务同归于一人的，合同的权利义务终止，但涉及第三人利益的除外。

第七章 违约责任

第一百零七条 当事人一方不履行合同义务或者履行合同义务不符合约定的，应当承担继续履行、采取补救措施或者赔偿损失等违约责任。

第一百零八条 当事人一方明确表示或者以自己的行为表明不履行合同义务的，对方可以在履行期限届满之前要求其承担违约责任。

第一百零九条　当事人一方未支付价款或者报酬的，对方可以要求其支付价款或者报酬。

第一百一十条　当事人一方不履行非金钱债务或者履行非金钱债务不符合约定的，对方可以要求履行，但有下列情形之一的除外：

（一）法律上或者事实上不能履行；

（二）债务的标的不适于强制履行或者履行费用过高；

（三）债权人在合理期限内未要求履行。

第一百一十一条　质量不符合约定的，应当按照当事人的约定承担违约责任。对违约责任没有约定或者约定不明确，依照本法第六十一条的规定仍不能确定的，受损害方根据标的的性质以及损失的大小，可以合理选择要求对方承担修理、更换、重作、退货、减少价款或者报酬等违约责任。

第一百一十二条　当事人一方不履行合同义务或者履行合同义务不符合约定的，在履行义务或者采取补救措施后，对方还有其他损失的，应当赔偿损失。

第一百一十三条　当事人一方不履行合同义务或者履行合同义务不符合约定，给对方造成损失的，损失赔偿额应当相当于因违约所造成的损失，包括合同履行后可以获得的利益，但不得超过违反合同一方订立合同时预见到或者应当预见到的因违反合同可能造成的损失。

经营者对消费者提供商品或者服务有欺诈行为的，依照《中华人民共和国消费者权益保护法》的规定承担损害赔偿责任。

第一百一十四条　当事人可以约定一方违约时应当根据违约情况向对方支付一定数额的违约金，也可以约定因违约产生的损失赔偿额的计算方法。

约定的违约金低于造成的损失的，当事人可以请求人民法院或者仲裁机构予以增加；约定的违约金过分高于造成的损失的，当事人可以请求人民法院或者仲裁机构予以适当减少。

当事人就迟延履行约定违约金的，违约方支付违约金后，还应当履行债务。

第一百一十五条 当事人可以依照《中华人民共和国担保法》约定一方向对方给付定金作为债权的担保。债务人履行债务后，定金应当抵作价款或者收回。给付定金的一方不履行约定的债务的，无权要求返还定金；收受定金的一方不履行约定的债务的，应当双倍返还定金。

第一百一十六条 当事人既约定违约金，又约定定金的，一方违约时，对方可以选择适用违约金或者定金条款。

第一百一十七条 因不可抗力不能履行合同的，根据不可抗力的影响，部分或者全部免除责任，但法律另有规定的除外。当事人迟延履行后发生不可抗力的，不能免除责任。

本法所称不可抗力，是指不能预见、不能避免并不能克服的客观情况。

第一百一十八条 当事人一方因不可抗力不能履行合同的，应当及时通知对方，以减轻可能给对方造成的损失，并应当在合理期限内提供证明。

第一百一十九条 当事人一方违约后，对方应当采取适当措施防止损失的扩大；没有采取适当措施致使损失扩大的，不得就扩大的损失要求赔偿。

当事人因防止损失扩大而支出的合理费用，由违约方承担。

第一百二十条 当事人双方都违反合同的，应当各自承担相应的责任。

第一百二十一条 当事人一方因第三人的原因造成违约的，应当向对方承担违约责任。当事人一方和第三人之间的纠纷，依照法律规定或者按照约定解决。

第一百二十二条 因当事人一方的违约行为，侵害对方人身、财产权益的，受损害方有权选择依照本法要求其承担违约责任或者依照其他法律要求其承担侵权责任。